Christiane Eichler-Magdsick / Christina Jansen / Chris Kilian-Hütten

(Hrsg.)

Wir hatten keine andere Zeit als diese

Bibliografische Information der Deutschen Nationalbibliothek

Die Deutsche Nationalbibliothek verzeichnet diese Publikation
in der Deutschen Nationalbibliografie; detaillierte bibliografische
Daten sind im Internet über http://dnb.d-nb.de abrufbar.

Dezember 2020

Der Buchtitel ist aus dem Gedicht „In dieser Zeit"
von Mascha Kaléko entlehnt.

Gestaltung: Ralf Wolf | autorenservice.net

Herstellung und Verlag:
BoD – Books on Demand, Norderstedt

ISBN: 978-3-752644-38-8

Christiane Eichler-Magdsick

Christina Jansen • Chris Kilian-Hütten

(Hrsg.)

Wir hatten keine andere Zeit als diese

Eine Sammlung
biografischer Texte

Einleitung

Was kann daran interessant sein, Erinnerungen an das eigene Leben aufzuschreiben?

Riskiert man nicht etwas, wenn man Persönliches offen legt? Und kann es nicht sogar respektlos sein, Mythen oder schmerzliche Wahrheiten aufs Papier zu zerren, die vielleicht auch einmal dazu dienten, sich und andere zu schützen?

Erinnerungen von Situationen sind doch niemals objektiv und beständig. Die Perspektiven verändern sich im Laufe eines Lebens. Ohne sich dessen bewusst zu sein, erfinden Menschen sogar Szenen aus ihrer Vergangenheit, die so niemals stattgefunden haben!

In einem inneren Monolog erzählen wir uns ständig Geschichten über uns und unser Leben. Wir wechseln dabei von der Gegenwart in die unterschiedlichen vergangenen Welten und entwerfen genauso Bilder und Erzählungen für die Zukunft.

Wir versuchen, ihnen einen Sinn zu geben, sie zu verknüpfen und ihnen eine Bedeutung zu verschaffen. Neue Erfahrungen bringen uns dazu, den Erzählprozess wieder anzustoßen, uns aus veränderter Perspektive zu befragen und die Geschichten neu abzustimmen.

Die AutorInnen dieses Buches hatten unterschiedliche Motivationen, als sie sich vor Jahren in der Schreibgruppe „Autobiografisches Schreiben" zusammentaten. Das Kriterium war nicht die Begabung.

Ein Teil wollte den eigenen Kindern und Enkelkindern ein lebendiges Erbe hinterlassen.

Ein anderer Teil war vorrangig am Schreiben interessiert als einer Spielart der eigenen Ausdrucksmöglichkeiten. Auf persönliche Erinnerungen zurückzugreifen war nahe liegend, da man sich dort am besten auskennt.

Alle waren daran interessiert, authentisch über ihr Leben zu schreiben und diese Erzählungen, die selten Thema einer konventionellen Unterhaltung sind, auf jeden Fall in ihrer Vielschichtigkeit darzustellen.

Chimamanda Adichie beschreibt in ihren Ausführungen „The danger of a single story" die Gefahr von Beschreibungen, die nur eine Erklärung einer Person oder Situation zulassen. Geschichten in dieser Form sind unvollständig, voller Klischees und berauben die Menschen ihrer Würde.

In den vorgetragenen Texten der AutorInnen schimmert der jeweilige Zeitgeist durch wie eine zweite Dimension und erhebt die persönliche Erzählung aus dem rein Privaten ins Politische.

Die Geschichten lösen ein Echo in den Köpfen der anderen aus. Der Leser hat die Chance, in wesentlichen Aspekten eines Textes aus einer ganz bestimmten Zeit etwas von sich selbst wiederzufinden.

Diese Erfahrung führte bei den AutorInnen zu diesem Buchprojekt und kreiert nun – durch die Zusammenstellung der Erzählungen und ihre Einordnung in den historischen Kontext über eine Zeitleiste von jeweils 10 Jahren – etwas, was über eine simple Sammlung von persönlichen Texten hinausgeht.

Die Zeitleiste stellt ein eigenes Narrativ dar, in dem der Akzent auf den allgemeinen gesellschaftlichen und politischen Ereignissen liegt. Dieses Narrativ findet seinen Widerhall in den ganz persönlichen Erzählungen der AutorInnen.

Die zeitgeschichtlichen Zusammenhänge sind subjektiv ausgewählt und nicht vollständig dargestellt, und die Ausführlichkeit ist deutlich geleitet von den Erzählungen, die für dieses Buch zusammengestellt wurden.

Es gibt auch Jahrzehnte, da spiegeln die Texte weniger den Zeitgeist wieder und es hat eher den Anschein, als ob in dem jeweiligen persönlichen Lebensalter eine Rückschau gewagt und neu geordnet und bewertet wird.

Walter Kempowski hatte ja in seinem Projekt „Plankton" eine Idee entwickelt, in der er Erinnerungsbilder und Erzählpartikel aus gewöhnlichen individuellen Leben dokumentierte und vorschlug, sie als literarische Collage oder als kollektives Tagebuch und somit als Zeitdokument zu nutzen.

In seinem Archiv „Echolot" hatte er zuvor gelebtes Leben in erinnerten Geschichten, Briefen und Dokumenten zusammengetragen und sehr anschaulich gezeigt, wie sich Erziehung, Sitten und Moralvorstellungen in den „Erzählkristallen" spiegelten.

Auch wenn in der Schreibgruppe die Fiktion und der Umgang mit Erfundenem und Wahrem als stilistisches Mittel bei der Ausarbeitung der Texte gelernt und benutzt wurde, ändert das nichts an dem wahrhaftigen und dokumentarischen Charakter dieser autobiografischen Erzählungen.

Jede/r der AutorInnen entwickelte ihre/seine eigenen Vorlieben beim Experimentieren mit den unterschiedlichen stilistischen Mitteln.

So lassen sich Beispiele in den Texten finden, wo über verdichtete Sprachbilder, Rhythmus, Klang und ungewohntes Wortmaterial das freie Assoziieren und die nicht bewussten Prozesse des Lesers angesprochen werden.

Die AutorInnen wählen unterschiedliche Erzählperspektiven und bewegen sich gerne in Zeitsprüngen vorwärts und rückwärts.

Durch eingebaute Dialoge versuchen sie, die Vorstellung zu beflügeln.

Auch der Wechsel von ausgestalteten Szenen und Raffungen ist geleitet von dem Wunsch, die Aufmerksamkeit des Lesers zu fangen, genauso das stilistische Mittel „Show, don't tell!", bei dem die SchreiberInnen lieber etwas szenisch darstellen, als es zu erklären.

Inhaltlich wird bei den Erzählungen deutlich, dass die persönliche Situation, in der sich die ProtagonistInnen bewegen, nichts ist, was sie sich selbst ausgesucht haben oder selbst erfinden konnten.

In vielen Erzählungen begegnen wir jedoch Bewegungen der Hauptfigur, wie sie – auf der Basis des Angebotenen und Abverlangten – dann kreativ wird, erweitert, umbaut, etwas anders macht, verfremdet oder in einen Gegensatz tritt.

Viele der Geschichten in diesem Buch handeln von Situationen, in denen die AutorInnen sich weigern, auf althergebrachte Rollenvorbilder zurückzugreifen, und stattdessen die Tür aufstoßen zu neuen, anderen, erweiterten Möglichkeiten.

Chris Kilian-Hütten

Zeitleiste   1920 – 1945

Der Versailler Friedensvertrag von 1919, der den 1. Weltkrieg beendete, findet mit seinen harten Vertragsbedingungen keine breite Zustimmung.

Die Siegermächte verhindern, dass das Deutsche Reich wieder erstarkt. Gebiete müssen abgegeben werden, sehr hohe Reparationskosten und Geldsummen bezahlt und Sachgüter wie Kohle nach Frankreich geliefert werden.

Deutschland verpflichtet sich zum Abtreten mehrerer Gebiete und all seiner Kolonien und zur Übernahme der alleinigen Schuld am Ausbruch des Krieges.

8,5 Millionen Tote brachte der Krieg, allein eine halbe Million die **Schlacht bei Ypern,** in der Briten und Franzosen gegen die Deutschen kämpften.

Das Ruhrgebiet bekommt eine Besatzung von Franzosen, damit die Abrüstungs- und Schadensersatzansprüche erfüllt werden.

Die deutsch-französischen Beziehungen verhärten sich.

Der deutsche Handel unterliegt 5 Jahre lang unterschiedlichen wirtschaftlichen Diskriminierungen.

Die Bevölkerung leidet unter der **katastrophalen Ernährungslage.** Arbeiterbewegungen und linke Parteien kämpfen für eine Umgestaltung der Gesellschaft. Antisemitismus und Nationalsozialisten erstarken.

Gründung der NSDAP 1920

Grassierende **Inflation 1923**

Verbot von NSDAP und KPD – Neugründung der NSDAP **1925** und **Gründung der SS** als „Leib- und Prügelgarde" Hitlers. Später im Jahr 1934 wird sie zu einer eigenständigen Organisation der NSDAP und das wichtigste Terror- und Unterdrückungsorgan im NS-Staat.

Veröffentlichung von **Hitlers „Mein Kampf"**

„Goldene Jahre" 1924–1929: Eine schillernde Kulturlandschaft entsteht mit avantgardistischen Ausdrucksformen.
Uraufführung der „Dreigroschenoper" von Bertolt Brecht 1928

Beginn der Weltwirtschaftskrise in New York. „Schwarzer Freitag" 24.10.**1929.** Die dringend benötigten Kredite aus den USA werden abgezogen. Massenverelendung der breiten Bevölkerung,
6 Millionen Arbeitslose in Deutschland,
Scheitern der Weimarer Republik 1933

Machtergreifung Hitlers 1933
Bücherverbrennungen durch nationalsozialistische Studenten von Marx, Freud, Tucholsky, Mann....
Nürnberger Gesetze / Rassengesetze gegen Juden, Sinti und Roma **1935**
Reichspogromnacht / „Reichskristallnacht" vom 9. auf den 10.11.**1938:** Vom **NS**-Regime erfolgten organisierte, geplante Gewaltmaßnahmen gegen Juden in Deutschland und Österreich. Sie markiert den Übergang von der Diskriminierung der Juden bis hin zur systematischen Verfolgung und zum Holocaust.
Olympiade in Berlin **1936:** Der Nationalsozialismus präsentiert sich der Welt.
Errichtung des KZ Buchenwald 1937, eines der größten Konzentrationslager auf deutschem Boden.
1939: Der **„Euthanasie-Erlass"** (die Ausrottung „lebensunwerten" Lebens) wird zum Todesurteil für Hunderttausende psychisch kranker und behinderter Menschen.
Anschluss Österreichs und des Sudetenlandes an das Deutsche Reich **1938**

1. September 1939 Beginn des 2. Weltkriegs mit dem Einmarsch in Polen

Frankreich und England erklären Deutschland den Krieg, der Westfeldzug folgt mit der Besetzung der Niederlande, Belgiens und Frankreichs **„Endlösung der Judenfrage"** – Errichtung von Vernichtungslagern in Osteuropa

500 000 Exilanten – viele Intellektuelle und Künstler, darunter Bertolt Brecht, Elias Canetti, Alfred Döblin, Lilli Palmer, Max Reinhard, Marlene Dietrich – gehen in die USA.

Völkermord an 6 Millionen europäischen Juden, Sinti und Roma und Homosexuellen in den Vernichtungslagern durch die Nationalsozialisten

Massenmorde an der Zivilbevölkerung der von Deutschen besetzten Territorien durch Wehrmacht und SS überall in Europa

Bevölkerungsverschiebungen durch Vertreibung und Deportation großer Teile der polnischen Bevölkerung durch die deutschen Machthaber und die Sowjetunion

Vertreibung deutscher Bevölkerung aus politisch umstrittenen Gebieten in Polen und der Tschechoslowakei

Die Schlacht um Stalingrad 1943 wird zum Wendepunkt im 2. Weltkrieg.

Gründung der **„Weißen Rose"** mit den Geschwistern Scholl und Ermordung der Hauptbeteiligten des Widerstands

20. Juli 1944 das fehlgeschlagene Attentat gegen Hitler in der Wolfs-
schanze
Proklamierung des „Totalen Kriegs" – Niederschlagung des Aufstandes
im Warschauer Ghetto

Ende des 2. Weltkriegs in Europa am 8. Mai 1945
14 Millionen **Deutsche fliehen** vor der Roten Armee aus Ostpreußen,
Schlesien, Pommern ...

**Erziehungsratgeber 1939: „Die deutsche Mutter und ihr erstes Kind"
von Johanna Haarer**
Im Sinne der NS-Ideologie propagiert sie eine Unterwerfung des Kindes
und rät den Müttern zur „Härte" gegenüber ihrem Kind.
Die Kernfamilie mit Vater, Mutter und leiblichem Kind („eigenes Fleisch
und Blut") wird als eine Triade von Natur aus gesehen und als zeitlos
gültig.
Probleme werden mit Gewalt gelöst. Ordnung, Sauberkeit, Abhärtung
und absoluter Gehorsam sind „Tugenden", die dem Kind abverlangt werden.
Die Empfehlung für die Eltern: die Bedürfnisse des Kindes zu ignorieren
und den Willen des „Quälgeistes" zu brechen, statt das Kind zu verwöhnen.
In der psychologischen Erzählsituation zwischen Mutter und Kind werden negative Vorurteile gegenüber Fremden insbesondere gegenüber
Juden und anderem nicht arischen „Gesindel" geschürt.
Der Familienmythos liefert eine Erzählung von **legitimer Gewalt, der
guten Macht des Vaters und** der **Herrschaft des Mannes über die
Frau.** Aus heutiger Perspektive bewegen sich die Empfehlungen Haa-
rers ganz eindeutig auf der Grenze zur psychischen Misshandlung.
Bis 1957 wird der Ratgeber leicht modifiziert aufgelegt.

1930 Mahatma Gandhi bricht zu seinem „Salzmarsch" auf und beginnt eine Kampagne des zivilen Ungehorsams **gegen die britische Kolonialmacht.**

Wanderausstellung „Entartete Kunst" (1937)

Picasso reagiert mit dem Bild „Guernica" auf die Gräuel des spanischen Bürgerkriegs (1937)

„Der kleine Prinz" von Antoine de Saint-Exupery (1943)

„Der große Diktator" von Charly Chaplin (1940)

„Die Feuerzangenbowle" soll 1944 von den Bombardements auf die Städte ablenken.

Christina Jansen

Frühling – der keiner war

Meine Eltern wurden kurz vor der Jahrtausendwende geboren. Kinder der Kaiserzeit. Beide wuchsen in bäuerlichen Familien gemeinsam mit ihren Geschwistern auf. Beide verloren ihre Mütter früh – die Väter heirateten kein zweites Mal.

Gemeinsam mit der nur ein Jahr älteren Schwester übernahm meine Mutter im Alter von zwölf Jahren die Sorge für ihre kleineren Geschwister.

Mein Vater Heinrich wurde 1914 Soldat. Er verbrachte vier Jahre in den Schützengräben und wurde verwundet. Mit Gasvergiftung entlassen. Er litt ein Leben lang an den körperlichen und seelischen Folgeerscheinungen. Nach längeren Lazarettaufenthalten als geheilt entlassen, sah er sich nach neuen Lebensmöglichkeiten um.

In der Vorweihnachtszeit 1922 besuchte er eine Laienspielaufführung, dort sah er Klara, verliebte sich auf den ersten Blick; ein halbes Jahr später waren sie verheiratet.

Mit ihr heiratete er die halbe Familie, übernahm Verantwortung für ihre jüngeren Geschwister, die noch unter Vormundschaft lebten. Sie richteten sich im vorhandenen Hausstand von Klaras Familie ein, „in der Tasche 50 Pfennig", wie der Vater später gerne erzählte.

Heinrich wollte fortan weder der staatlichen Obrigkeit noch „dem Kaiser von China dienen". Sein Unabhängigkeitsstreben ließ nur eine selbständige Tätigkeit zu. Deshalb konnte er nicht dem Wunsch seiner Frau folgen und Milch- oder Gemüsehändler werden. Er gründete gemeinsam mit seinem Schwager eine Seidenweberei.

1924, 1925 und 1926 werden drei Jungen geboren.

Sommer

Ein Foto, 1930 aufgenommen, zeigt die junge Familie vor den blühenden Apfelbäumen in Vaters Obstwiese. Alle schauen zufrieden in die Kamera:

die Mutter in weißem Kleid mit onduliertem Haar; der Vater in dunklem Anzug, weißem Hemd, Krawatte und „Vatermörder"; die Jungen in modischen Matrosenblusen.

1934 wird ein Mädchen geboren, ein Jahr später noch ein Junge.

Am gemeinsamen Mittagstisch waren die Kleinen Zuschauer. Zwischen dem Vater und den pubertierenden Söhnen wird lautstark, auch kontrovers über „Gott und die Welt" palavert. *„Und die Mutter blickte stumm auf dem ganzen Tisch herum."*

Die Kleinen genossen gemeinsam mit den Nachbarskindern große Freiheiten. Sie liefen durch Gärten, Felder und Wald, stundenlang, besuchten die Bauern beim Ernten auf den Feldern, saßen in deren Küchen, staunten über Obst, das zum Trocknen an Schnüren über dem Herd aufgereiht hing, durften auch mal das Heu wenden. Sie entdeckten, wie schwer Feldarbeit war.

Bei Sonntagsgängen antwortete der Vater geduldig auf neugierige Fragen, schärfte ihre Aufmerksamkeit. *„Wie hört sich Blätterwispern an?"; „Sind Libellen gefährlich, wenn sie Kinderköpfe umkreisen?"; „Horch, wie der Schnee die Geräusche dämmt."*

Mutterstunde war die Abenddämmerung – die Kinder auf dem Schoß oder an sie geschmiegt, sang sie mit den Kleinen Abendlieder: *„Seht ihr den Mond dort stehen?"* oder *„Wer hat die schönsten Schäfchen, die hat der goldne Mond".* Sie brachte sie zu Bett, indem sie „Gute Nacht"-Geschichten erzählte, sie warm einpackte und mit ihnen betete.

1938 brach in diese Kinderwelt Bedrohliches herein: Mit halb abgewendeten Gesichtern sprachen die Erwachsenen über den „braunen Mob", der die Synagoge in Brand gesteckt hatte. Ein Cousin der Mutter beschimpfte die zugereisten SA-Männer als unmenschlich und wurde dafür inhaftiert.

Bis dahin hatte die örtliche Bevölkerung in Frieden mit ihren jüdischen Nachbarn gelebt, als Nachbarn selbstverständlich akzeptiert.

Neugierig und verbotenerweise schlich die Vierjährige Richtung Burg. Dort in einer schmalen Gasse war die Synagoge hinter einer Gartenmauer beheimatet, gegenüber der Hofkirche der evangelischen Gemeinde, der ersten im Rheinland. Sie stand in bunten Glasscherben – verstand überhaupt nicht, warum soviel Schönheit in Scherben lag.

15

Herbst

10. Mai 1940, der Vater sitzt Pfeife rauchend vor der Haustür, das Mädchen an seine Knie gelehnt. Ihr Blickfeld ist ausgefüllt von einem Heer von grauen Stiefeln, die im Stechschritt über den Rathausplatz marschieren. *„Wo gehen sie hin?" „In die Niederlande – es ist Krieg. Dies darfst Du nie vergessen."* Das Geräusch der harten Tritte bleibt in ihrem Gedächtnis eingebrannt, wie später Sirengeheul, Bombengeschwaderbrummen und Flugzeugabstürze.

1942 soll der gerade 18-Jährige bald eingezogen werden. Der Vater empfiehlt seinen Söhnen, sich freiwillig ein Jahr früher zu melden, um ihre Rekrutierung zur SS zu verhindern. Sie sind „rein arisch".

Zum Abschied versammelt sich die Familie in Sonntagsstaat zu einem Foto. Vor dem Küchenanbau, einer Ziegelwand mit abblätterndem Kalkweiß, stehen in der hinteren Reihe die drei großen Jungen: In der Mitte der Älteste, blickt entschlossen, stolz aufgerichtet und bereit zur Abreise in die Kamera. Sein ein Jahr jüngerer Bruder, elegant mit Krawatte und Nadel, schaut eher skeptisch bis unwillig. Der 16-Jährige blickt noch entspannt, unbekümmert.

Die Eltern sitzen. Ihre Handrücken berühren sich auf den leicht geschwungenen Stuhllehnen. Der Vater blickt, mit halb verschatteten Augen, desillusioniert in die Kamera. Die Mutter sehr blass, mit gesenktem Kopf und geschlossenen Augen, verzweifelt: *„Jetzt haben wir sie groß. Jetzt werden wir sie verlieren."*

Die Kleinen scheinen die Verzweiflung der Eltern einzuatmen. Sie ahmen die Haltung der Eltern nach, suchen Halt im Körperkontakt. Das Mädchen mit hochgezogenen Schultern, im Zweitkommunionskleid und weißer Haarschleife. Der Kleinste hängt am Arm des Vaters mit gesenktem Kopf und niedergeschlagenen Augen.

Winter

Die Söhne landeten bei sogenannten Elitetruppen in der Luftwaffe, Panzerdivision und Marine. Der Vater wird zeitweise zum „Landsturm" eingezogen, zuerst zum Westwallbau, später – als ehemaliger Landwirt kundig mit Pferden – zu deren Transport von West nach Ost.

In den Nächten schlafen die Kleinen völlig angezogen, damit sie bei Alarm mit der Mutter, dem Märchenbuch und Taschenlampe in den Bunker laufen können. Der 16-jährige Bruder ertrotzt sich unter Mutters Protest die Erlaubnis, mit seinem Motorradfreund auf Abenteuertour zu herabgestürzten Flugzeugen zu fahren auf der Suche nach Beute von Süßigkeiten bis Patronen und Fahrtenschreibern.

Im September 1944, der Vater ist gerade einmal wieder zuhause, wird die Familie mit Verwandten auf einem Lastwagen ins Münsterland evakuiert. Sie landen im Altenteil eines Bauernhofs. Die Mutter hilft in der Milchküche beim Butterzubereiten. Der Vater und die Kleinen müssen „still halten" oder sich außerhalb vom Hof bewegen. Sie erleben ein Flüchtlingsschicksal, werden von der örtlichen Bevölkerung gemieden und argwöhnisch beäugt. Sie gehen sonntags zu Fuß in die Kirche, während der Bauer mit halbleerer Kutsche fährt.

Der Besuch der Sonntagsmesse ist für die Kinder verpflichtend – auch weil die Eltern sich nach der Messe mit Verwandten und Freunden im Café treffen. Der Kirchgang wird durchgehalten – auch während Tiefflieger angreifen. Die Kinder sind in Panik.

Den Eltern waren die Predigten des Graf von Galen, Bischof von Münster, sehr wichtig. Sie stärkten das Durchhaltevermögen. Der Bischof, auch der „Löwe von Münster" genannt, hatte im ländlichen Exil nicht aufgehört, gegen das Euthanasie-Progamm der Nazis zu wettern.

Mitte April 1945 entschieden sich Freunde, Verwandte und die Familie, nachhause zurückzukehren. Der 9-Jährige stahl einen Bollerwagen im „Fremdarbeiterlager", seine 10-jährige Schwester „stand Schmiere" hinter einem alten Baumstamm. In sicherem Abstand hielt sich der Vater verborgen, um bei Gefahr die Kinder zu schützen.

In den frühen Morgenstunden machte der Treck sich auf den Fußmarsch vom Münsterland zurück in den Westen. Sie schliefen in Scheunen, auf Heuböden, bedroht von nächtlichen Überfällen durch ehemalige Fremdarbeiter, die nachts plünderten.

Endlich angekommen am Rhein, durchlitten sie eine demütigende Entlausungsprozedur durch die Amerikaner. Aufgereiht an der Längsseite einer Fabrikhalle – nackt standen sich Frauen und Mädchen, Männer und Jungen gegenüber, mittendurch rannte ein Soldat mit einer überdimensioniert großen Spritze, wie sie im Viehbereich genutzt wird, und versprühte Wolken eines Insektengiftes.

Nach dreizehn Tagen Fußmarsch erreichen Vater, Mutter und die Kinder am 8. Mai den Heimatort und stehen vor der leeren Fassade des Hauses, dahinter ein Trümmerberg.

Zunächst schlafen sie in Nachbarhäusern verteilt. Später hausen sie im provisorisch vom Schutt geräumten Zimmer hinter Bretterverschlägen, aufgespannte Regenschirme über den Betten.

Die Eltern hoffen auf die Rückkehr der Söhne.

Überraschend steht Ende Mai der Älteste, gerade 21, als lebendes Skelett im Hausflur, ausgezehrt von russischer Kriegsgefangenschaft und Krankheit: Verwundet, im Prager Aufstand zusammengetreten, ohnmächtig in der Gasse nachts von einer Anwohnerfamilie gerettet, in einen Keller gezogen, später in russischer Kriegsgefangenschaft, aus einem Übergangslager geflohen, 100 Prozent kriegsbeschädigt.

Der zweite kommt kurz darauf in Lederhosen und rot-kariertem Halstuch. Er hatte sich aus dem „Panzerkessel" in Polen retten können, zu Fuß durch Österreich und Bayern. Dort hatte er zeitweise auf einem Bauernhof gearbeitet.

An einem Wallfahrtstag im September kam dann der Jüngste, als Marinesoldat mehrmals im Hafen bombardiert. Er war unverletzt entronnen, anschließend im Norden in kanadischer Gefangenschaft – wohlgenährt – voller Scham, als er „vor den Hungergerippen" seiner Geschwister stand.

Die Eltern atmeten auf. Frauen, deren Männer und Söhne aus dem Krieg heimkehrten, wurden von Witwen beschimpft und terrorisiert. Die Mutter litt darunter schwer.

Tagsüber saßen sie nun im einzig übrig gebliebenen Zimmer zusammen – Stiefeltritte an der Haustüre – alle erstarrten. Zwei amerikanische Soldaten „durchkämmten" die Häuser nach Männern. Die Mutter schnappte die

Kleinen, stellte sich ihnen im Hausflur gegenüber. Die Kinder ängstlich, verstört, rechts und links an die Mutter geschmiegt, die beruhigend auf die Soldaten einredete. Das Mädchen schaut in die schussbereite Maschinenpistole, die Ohren gespitzt. Absolute Stille im Wohnzimmer. Endlich ziehen die beiden Schützen ab.

Christina Jansen

Davon geht die Welt nicht unter

1945, durch die Kriegsereignisse trainiert, unterstützen die jetzt zehn- und elfjährigen Kinder tatkräftig die Familie:
Sie werden zum Schlangestehen geschickt.
Und zum Broteinkauf. Um eins zu ergattern, sind sie oft den ganzen Tag unterwegs. In dem ergatterten Brot sind Ährenreste oder Mäusekot verbacken.
Sie gehen zum Ähren- und Kartoffelnaufsammeln auf abgeerntete Felder. Bei manchen Bauern hatten sie Angst, verprügelt zu werden, was auch geschah. Aber Mutter hatte gesagt, das sei erlaubt.
Sie helfen beim Hausaufbau, indem sie „Steine klopfen". Das heißt, alte Kalk- und Zementreste mit einem Hammer von den zerstreut liegenden Ziegeln abschlagen – ohne Handschuhe.
Das Mädchen wurde zur Tauschhandelsexpertin, mehr schlecht als recht.
Die schlimmste Arbeit jedoch war das „Fringsen", benannt nach dem Erzbischof Frings von Köln. Er hatte in einer Predigt erlaubt, dass frierende Menschen Kohlen stehlen dürften. Nach zwölf Kilometern Fußmarsch mussten die Kinder auf Abraumhalden die Bruchstücke von Briketts einsammeln. Auf dem Rückweg durchwanderten sie die Dörfer, schwarz wie die Schornsteinfeger.

Zwischen Trümmern singen wir Fastnacht 1946 mit den Kölnern: *„Wir sind die Eingeborenen von Trizonesien, hei-di-tschimmela-tschimmela bumm"* oder beim Schützenfest *„Nach Regen scheint die Sonne, nach Weinen wird gelacht. Nach einem traurigen Gesicht wird ein freundliches gemacht."*
Im Juni 1948, mit der Währungsreform, werden Lebensmittelkarten abgeschafft und die D-Mark eingeführt. Jeder Bürger erhält die gleichen 40 D-Mark.
Als 13-Jährige stehe ich im Rathausfoyer an – mitten in der Masse grau gekleideter Erwachsener – als einziges Kind. Ich trage einen grauenhaft

kratzigen Mantel, genäht aus einer Militär-Rosshaar-Decke. Kopf und Schultern bedeckte ein leuchtend rotes Tuch aus Fallschirmseide. Die Erwachsenen lächeln.

Bald wurde im Radio ein neuer Schlager geträllert:

„Geh'n Sie mit der Konjunktur, geh'n Sie mit auf diese Tour, nehm'n Sie sich Ihr Teil, sonst schäm'n Sie sich, und später geh'n Sie nicht zum großen Festbankett.

Drum: Geh'n Sie mit der Konjunktur, geh'n Sie mit auf diese Tour, holen Sie sich Ihre Kohlen wie der Krupp von Bohlen aus dem großen Weltgeschäft."

Christina Jansen

Früh übt sich

Das Mädchen war nun alt genug, um der Mutter im Haushalt zu helfen.

Bei der 14-tägigen großen Wäsche drehte sie über drei bis vier Tage die Handkurbel der Mangel und geriet dabei einmal mit den Händen zwischen die Walzen. Vorher waren sieben Betten abzuziehen und endlos weit Treppen herunterzutragen. Dabei träumte sie von einer Rutsche, auf der sie mit der Wäsche Spaß haben konnte. Mit einem Leiterwagen transportierte sie die Weißwäsche zur Bleiche, einer großen Wiese, wo sich die Frauen der Nachbarschaft zu einem Schwätzchen trafen.

Täglich musste sie als zukünftige Hausfrau die „Liegenschaften" ihrer Brüder aufsammeln, sortieren, reinigen und ordnungsgemäß aufhängen. Verhasst war die Arbeit, lehmverschmierte Schuhe mit der Wurzelbürste zu reinigen. Noch schlimmer war das Spülen der großen, gusseisernen Töpfe, die mit Gemüse- und Fettrückständen verklebt waren.

Sonntags spülte die Mutter gemeinsam mit den helfenden Söhnen. Sie hatten gute Laune und sangen Wanderlieder. Das Mädchen hockte ebenso froh gelaunt in einer Küchenecke.

Mechthild Schade

Die Russen kommen

Zuerst kamen die US-Amerikaner. Das war im Mai 1945, nach Kriegsende. Durch Neustadt fuhren Panzerkolonnen mit freundlich dreinblickenden Soldaten heller und dunkler Hautfarbe, neugierig begafft von den Dorfbewohnern am Straßenrand.

Zwei Monate später wurden eben diese Truppen wieder abgezogen, nachdem das von der US-Armee eroberte Thüringen und Sachsen-Anhalt ausgetauscht wurden gegen Sektoren der Hauptstadt Berlin. Im Gegenzug marschierten sowjetische Soldaten ein. Im Gebiet an der britisch-sowjetischen Zonengrenze waren sie zur Überwachung und Kontrolle eingesetzt. Nach Ecklingerode kamen sie eher unbemerkt auf Lastwagen. Das freistehende, geräumige Einfamilienhaus unserer Freundin Erika war freizumachen und wurde zum Sitz der Kommandantur bestimmt. Als letztes Gebäude im Dorf, unmittelbar an der Durchgangsstraße nach Duderstadt gelegen, war es für diese Funktion bestens geeignet. Vor dem Haus wurde ein Schlagbaum errichtet, eine Art Schranke aus Holz, welche die Fahrbahn versperrte. Nur der wachhabende Soldat konnte den Schlagbaum öffnen bzw. schließen und dadurch die Durchfahrt von Fahrzeugen ermöglichen. Gegenüber der Kommandantur lag eine große Wiese, die den Soldaten als Sportgelände diente. Zum Fußballspielen wurden Tore aufgebaut und für das Körpertraining Reck, Barren und Stufenbarren installiert. Oft fanden sich neugierige Kinder als Zuschauer ein, und es kam vor, dass ein Soldat einen kleinen Jungen hochhob, damit er am Barren turnen konnte. Wir Mädchen wurden zum Ausgleich mit glitzernden Glanzpostkarten beschenkt, die mir besonders gefielen.

Im Laufe der Zeit entwickelte sich ein gutes Einvernehmen zwischen der Besatzung und den Dorfbewohnern, was nicht im Sinne der Obrigkeit war. Um derartige Tendenzen zur Verbrüderung zu unterbinden bzw. erst gar nicht entstehen zu lassen, wurde später eine Neuregelung eingeführt. Jede Kompanie wurde nach vier Wochen durch eine andere abgelöst. Bei jedem

Wechsel stellte sich dann dieselbe Frage: „Wie mag der neue Kommandant sein?" Man wusste, wie der Hauptmann, so die Truppe: streng, unerbittlich und argwöhnisch, oder aufgeschlossen, ansprechbar und zugewandt?

Eines Tages wird während des Schulunterrichts die Tür von außen geöffnet, und ein junger Soldat tritt ein, mit (wie man damals sagte) „aufgepflanztem Gewehr". Er gibt ein Zeichen, mit dem Unterricht fortzufahren, und setzt sich in die letzte Bank. Die Kinder verdutzt und sprachlos, die Lehrerin eher aufgeregt und beunruhigt. „Was will der hier? Was hat er vor? Habe ich etwas falsch gemacht?" Beim Klingelzeichen stürmen die Kinder auf den Hof, während der fremde Besucher ruhig zum Pult kommt und freundlich sagt: „Mein Schwester utschitjelnitza in Sibiria." Aufatmen! Keine Bedrohung also, sondern schlicht Interesse zu sehen, wie es in einer deutschen Dorfschule zugeht.

Utschitjelnitza (Lehrerin), das war für mich das erste russische Wort. Positiv belegt, und vielleicht der Grundstein dafür, dass ich mich später im Anfangssemester an der Universität Bonn für den Russischkurs eingeschrieben habe.

Aufteilung von Deutschland nach dem 2. Weltkrieg in 4 Besatzungs-zonen (amerikanische, französische, britische und sowjetische) gemäß dem „Abkommen von Jalta". Die vier Mächte übernehmen die oberste Regierungsgewalt über Gesamtdeutschland.

Das von der Roten Armee eroberte **Berlin** wird unter den Alliierten aufgeteilt, die Amerikaner verzichten auf von ihnen besetzte Gebiete in Ostdeutschland

Blockade der Westsektoren Berlins durch die Sowjetunion und Versorgung der eingeschlossenen Stadt *über die Luftbrücke durch die Westalliierten 11 Monate lang.*

Nürnberger Prozesse gegen die Hauptkriegsverbrecher: Politiker, Militärs und NS-Funktionäre werden strafrechtlich vor einem internationalen Gerichtshof zur Verantwortung gezogen.

Entnazifizierung: Nach der **Potsdamer Konferenz** kommt 1946 unter anderem ein Gesetz zur Befreiung von Nationalsozialismus und Militarismus. Alle Deutschen über 18 Jahre müssen in Fragebögen über ihre Funktion im nationalsozialistischen Deutschland Auskunft geben.

Reeducation: Eine Art Entnazifizierung der öffentlichen Kultur soll in den einzelnen Besatzungszonen geleistet werden. Man konfrontiert die Deutschen mit unwiderlegbaren Fakten der Gräueltaten, will ein Bewusstsein der Kriegsschuld erzeugen und für Verbrechen, wie sie in den Konzentrationslagern begangen wurden.

Geschockt über die Gräuel in den Vernichtungslagern befürchten die Alliierten, dass die Deutschen nach wie vor ein Volk sind im Banne der Nazis und voller Verblendung.

Das Deutsche Rote Kreuz gründet den Kindersuchdienst.
Millionen Menschen waren während des Krieges voneinander getrennt worden. Hunderttausende davon sind Kinder, die ihre Eltern verloren hatten auf den Flüchtlingstrecks aus dem Osten. 500 000 Kinder werden mit allen möglichen Details auf Karteikarten des Suchdienstes vom Deutschen Roten Kreuz erfasst. Viele wissen nicht einmal ihren Namen.

12–15 Millionen Flüchtlinge und Vertriebene haben ihren ganzen Besitz verloren und verschärfen das soziale Elend im Land. Die meisten kommen aus Schlesien, Pommern und Westpreußen.
In der schwierigen Versorgungslage bemühen sich die Menschen Tag für Tag um Nahrungsmittel.

Schon im Krieg waren **alle Lebensmittel streng rationiert** und man bekam sie *„auf Karte".*
Auch nach dem Krieg geben die Besatzungsmächte **Lebensmittelkarten** aus, die nach der Schwere der Arbeit eingestuft werden. Viele Menschen unternehmen **„Hamsterfahrten"** zu den Bauern.

Zahlreiche Familien bestehen aus Großeltern, Frauen und Kindern. Nach dem Krieg sind 5 Millionen Wohnungen zerstört oder beschädigt. Die Menschen hausen in Kellern, Trümmerwohnungen und Baracken.

Durch die **Währungsreform 1948** wird in den drei Besatzungszonen die Deutsche Mark eingeführt. Jeder erhält ein Kopfgeld von 40,- DM.

23. Mai 1949 Gründung der BRD, am 7.Oktober 1949 Gründung der DDR

„Männer und Frauen sind gleichberechtigt", der Beharrlichkeit der vier Frauen im Parlamentarischen Rat 1948 ist es zu verdanken, dass dies im Grundgesetz verankert wird. Doch erst 1957 fällt das Letztentscheidungsrecht des Ehemannes in Familienangelegenheiten.

Abwurf der **Atombomben** auf Hiroshima und Nagasaki am 9. August 1945

„Marshallplan" und Wiederaufbau: Die USA unterstützen das zerstörte Europa beim Wiederaufbau und verfolgen neben der humanitären Hilfe neue Absatzmärkte und wollen den Einfluss des sowjetischen Kommunismus in Europa eindämmen.

1947 Beginn des **„Kalten Krieges"** zwischen den Westmächten und den USA und dem sogenannten Ostblock unter Führung der Sowjetunion (bis 1991)

Die Schriftsteller der Gruppe 47 betonen ihre gesellschaftliche Verantwortung: Ingeborg Bachmann, Ingeborg Drewitz, Heinrich Böll, Günter Grass, Walter Jens ...

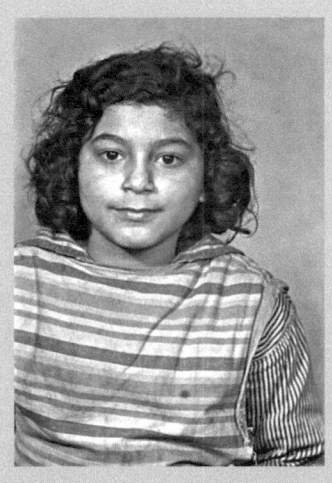

Mechthild Schade

Schnaps und weiße Brötchen

„Morgen habe ich in Duderstadt zu tun", sagte Luzie Z. Wollen Sie nicht
mitkommen, Frau Schade?" Und ob sie wollte! Ein Grenzgang ohne Vor-
bereitungen, ohne Aufregung, und nur drei Kilometer zu gehen auf der
Landstraße! Was für ein Glück!

Luzie war sich sicher, dass es ihr gelingen würde, eine Sondererlaubnis zu
erhalten. Aufgewachsen auf einem stattlichen Gutshof in der Umgebung,
mangelte es ihr nicht an Selbstbewusstsein. Sie war eine attraktive Frau
mit tiefschwarz gefärbten Haaren, die nicht nur Wiener Walzer am Flügel
spielen konnte, sondern mit viel Energie und Tatkraft den „Gelben Hof"
leitete, Fremdenzimmer vermietete, im großen Saal Veranstaltungen organisierte und die einzige Poststelle im Dorf betrieb. Es war ihr wichtig, in
der Gaststube persönlich anwesend zu sein. Redegewandt und gesellig verstand sie es, auf Fremde zuzugehen und ins Gespräch zu kommen. Unter
den Gästen, die am Abend nach getaner Arbeit den Weg in die gemütliche
Wirtsstube fanden, waren nicht selten Russen aus der Kommandantur. So
nutzt sie also noch am selben Tag die Gelegenheit, den Kommandanten
direkt anzusprechen. „Morgen muss ich nach Duderstadt. Mein Mann
braucht Mehl für die Bäckerei." – „Njet", befindet er kurz und bündig, mit
energischem Kopfschütteln. „Geh nach Worbis!" (in die Kreisstadt) „Aber
in Worbis gibt es kein weißes Mehl, und die weißen Brötchen esst ihr doch
so gern!" Luzie ist nicht die Frau, die vorschnell aufgibt. Den Erfolg brachte schließlich das freundliche Angebot, er könne mittags im „Gelben Hof"
bei ihrem Mann ein Schnäpschen trinken. Am folgenden Tag also können
die beiden Frauen die Grenze auf der Hauptstraße passieren. In Duderstadt
angekommen trennen sich ihre Wege. Luzie Z. tätigt die Einkäufe und besucht ihre Verwandten. Meine Mutter sucht den Bauernhof auf, wo sie die
nach und nach geschmuggelten Waren vorläufig lagern kann. Am Nachmittag treten die Frauen gemeinsam den Heimweg an.

Bis zur Grenze sind es nur noch 100 m, der Schlagbaum ist heruntergelassen, und dahinter steht der Kommandant persönlich. Breitbeinig, die Unterarme auf den Holzbalken gestützt, schaut er grimmig drein, mit Falten auf der Stirn. Das sieht gar nicht gut aus! Bedrohlich eher! Luzie versucht es betont locker und aufmunternd: „Was soll das? Nun mach schon auf, und lass uns nicht warten!" Aber die Miene des Soldaten verfinstert sich, ihm ist nicht nach Spaß zumute. Luzie versucht eine freundlichere, einfühlsamere Tonart. Schließlich stellt sich heraus, dass Gastwirt August Z. den versprochenen Schnaps verweigert hatte. Luzie spielt die Empörte und schlägt vor: „Wir gehen jetzt zusammen zu meinem Mann, und du nimmst deinen Kollegen mit." Alles wird gut. Der Schlagbaum wird geöffnet, die Passage ist frei! Im Gelben Hof angekommen, erfahren die Frauen, dass der Kommandant am Vormittag eine ganze Flasche Schnaps gefordert hatte. Das war nicht angemessen. Eine ganze Flasche vom guten „Nordhäuser" galt als Tarif für die Durchfahrt eines mit Möbelstücken beladenen Wagens. Luzie bemüht sich um gute Stimmung, und es gelingt ihr, die Soldaten zu beruhigen und zufriedenzustellen. Während die Angelegenheit mit einem Versöhnungstrunk besiegelt wird, steigt meine Mutter erleichtert hoch in ihre Dachkammer, einer sorgenfreien, schlafreichen Nacht entgegen.

Mechthild Schade

Vom russischen Süßloch hinüber in den britischen Hochwald

Nach dem Mittagessen macht sich Mutter auf den Weg. In ihrer rot-grün geblümten Kittelschürze und der geräumigen Schultertasche aus Rindsleder (dem letzten Geschenk ihres Mannes) kann sie sich als Arbeiterin sehen lassen.

Der Fußweg führt zunächst die steilen Stufen zur Kirche hinauf, bis zum Friedhof und Sportplatz. Von dieser Anhöhe aus ist der Blick frei nach Westen zu den Kirchtürmen von Duderstadt; etwas weiter rechts steht der Wachturm, und im Nordwesten liegt der Fichtenwald, durch den die Grenze verläuft. Dahin zu gelangen ist ihr Ziel. Vorher führt der breite Feldweg hinunter in eine Talmulde, die von den Dorfbewohnern das „Süßloch" genannt wird. An einem schmalen Bachlauf entlang ist ein Streifen Land ausgewiesen, wo die Flüchtlinge Gemüse anbauen können. Diese Stelle hat sich Mutter für ihren Grenzweg ausgesucht, weil sie sich dort aufhalten kann, ohne sich verdächtig zu machen. Gurken, Zwiebeln, Möhren, Kohlrabi und Tomaten kann man pflanzen, harken, jäten gießen und pflücken, und dabei gleichzeitig die Umgebung im Auge behalten. Weit und breit keine Grenzpatrouille in Sicht! Nun geht sie mit schnellen Schritten zum Waldrand und verschwindet zwischen den Fichten. Von da aus ist die Landstraße auf britischer Seite bald erreicht und Duderstadt nicht mehr fern.

Der Rückweg am Nachmittag muss vorbereitet werden, denn das Risiko ist groß, beim Überschreiten der Grenze unversehens auf die Grenzpatrouille zu stoßen. Daher hat Mutter unsere Haushaltshilfe um Unterstützung gebeten. Erna ist achtzehn Jahre und die Älteste von fünf Geschwistern, mit der Familie aus Ostpreußen vertrieben. Sie ist freundlich und zuverlässig und hat mit Mutter bestimmte „Spielregeln" für den Grenzgang abgesprochen. Zu einem vereinbarten Zeitpunkt hält sie sich mit Gartenarbeiten am „Süßloch" auf und beobachtet die Umgebung. Ist die Grenzpatrouille vorbeigegangen, bindet sie ihr gelb-rotes Kopftuch an den ausladenden Ast einer stattlichen Fichte. Noch im Schutz des Waldes kann Mutter dieses Signal gut erkennen: „Bahn frei! Kommen!" Daraufhin verlässt sie erleichtert den Wald und eilt auf das „Süßloch" zu. Geschafft! Wieder einmal!

Bei jedem Grenzgang kam es darauf an, eine Situation zu schaffen (oder vorzutäuschen),die die Anwesenheit in der Landschaft plausibel und unverdächtig machte. Bei der Tabakernte im Herbst konnte das zum Beispiel das (angebliche) Pflücken der Tabakblätter im Feld sein.

Schwierig wurde es im Winter. Einmal lagen drei kleine Fichten und mehrere große Tannenzweige bei uns im Hof. Die hatte Mutter hinter sich hergezogen, ein „Weihnachtsbaum" als Alibi!

Immer war es das Bestreben meiner Mutter, mich nicht mit ihren Sorgen zu belasten. Mir war sie deshalb vorgekommen wie eine starke und kluge Löwin. Erst viele Jahre später wurde mir klar, dass sie von Natur aus eigentlich ein ängstlicher Mensch war. Erst dann verstand ich, wieviel Anstrengung, Mut und Kraft sie über so lange Zeit hat aufbringen müssen. Diese Leistung erstaunt mich noch heute.

Mechthild Schade

Grenzüberschreitungen

Die sowjetische Besatzungsmacht hatte verfügt, dass die Demarkationslinie nicht ohne besondere ‚Genehmigung' überschritten werden dürfe.

Nur Kinder waren ausgenommen von dieser Regelung. So bin ich wiederholt mit Petra oder den Kindern vom Gelben Hof mittags nach Duderstadt spaziert. Meistens besuchten wir Tante Hedwig, aßen ein Stück Kuchen oder ein Eis mit ihr und wanderten am Nachmitttag in unser Dorf zurück.

Besondere Genehmigungen zum Passieren der Grenze standen den Landwirten zu, deren Roggen- und Kartoffelfelder, Rüben- oder Tabakfelder von der Grenzlinie durchschnitten war. Sie erhielten sogenannte „Passierscheine", die es ihnen erlaubten, ihre Felder auch in der Duderstädter Gemarkung weiterhin bearbeiten und die Ernte einbringen zu können.

Jeder einzelne Feldarbeiter hatte frühmorgens seinen Personalausweis an der Kommandantur abzugeben (als Pfand sozusagen) und später bei der Rückkehr wieder abzuholen.

Im Einzelfall war es anfangs auch möglich, zur Teilnahme an Familienfeiern oder Beerdigungen im Westen eine Sondererlaubnis zu erhalten. Die wurde gewöhnlich erteilt, wenn man es für sicher hielt, dass der Antragsteller wieder in die Ostzone zurückkehren würde.

Alle anderen Bürger mussten sich für einen Grenzgang ein „Schlupfloch" suchen. Für Ortsunkundige war das eine erhebliche Hürde und ohne Unterstützung kaum möglich.

So bekam meine Mutter im Frühjahr 1947 einen Hilferuf von Freunden aus Chemnitz. Dr. Kurt F. wollte seine siebzehnjährige Tochter Maria in den Westen begleiten. Sie sollte dort im bayrischen Rosenheim eine Ausbildung als Chemie-Laborantin beginnen.

Ein anderes Mal galt es, Mutters Schwester Änne aus Neustadt über die Grenze zu bringen. Sie hatte von ihrer früheren Schulleiterin die Aufforderung erhalten, ihre Tätigkeit als Gewerbeoberlehrerin zu einem bestimmten Stichtag wieder aufzunehmen. Andernfalls müsse man ihre Stelle neu besetzen.

Für meine Mutter gab es einen ganz besonderen Grund, regelmäßig „schwarz" über die Grenze zu gehen. Als sie später behauptete, das sei mehr als hundert Mal geschehen, wollte ich das nicht glauben. Aber dann erklärte sie mir den Sachverhalt: Ihre Mutter, meine Oma, war 1943 auf eigenen Wunsch in ihren Geburtsort Neustadt gezogen, war aber behördlich noch immer in Aachen gemeldet. Deshalb stand ihr als Bürgerin der Gemeinde monatlich die „Lebensmittelkarte" zu.

Solche Karten wurden nach dem Krieg in allen Besatzungszonen von den Behörden ausgegeben, um die Versorgung der Bevölkerung sicherzustellen. Es waren Dokumente, die bescheinigten, dass der Besitzer berechtigt war, bestimmte Mengen an Grundnahrungsmitteln zu kaufen. Sie waren jeweils für einen Monat gültig.

Eine Karte setzte sich zusammen aus kleinen Rechtecken, den sogenannten „Märkchen", in der Größe einer Briefmarke. Sie waren mit einem Aufdruck versehen, der das Lebensmittel bezeichnete und das Gewicht der Ware angab. Zum Beispiel: 125 g Fett, 50 g Fleisch, 500 g Brot, 150 g Zucker oder 125 g Kaffee-Ersatz. Im Laden wurden die Märkchen ausgeschnitten und einbehalten.

In jeder Familie wurden die Lebensmittelkarten sorgsam gehütet, denn bei Verlust hätte es keinen Ersatz gegeben. Im täglichen Leben waren sie unentbehrlich und hatten mehr Wert als Geld.

Eine solche Karte aus Aachen fehlte nun unserer Oma in Thüringen. Da sie dort keinerlei Anspruch auf Unterstützung hatte, kam meine Mutter auf die Idee, ihre eigene Lebensmittelkarte an die Oma abzutreten. Als Ersatz dafür wollte sie selbst die Karte aus Aachen nutzen. Das war nur möglich durch die Hilfsbereitschaft von unserer „Tante Hedwig". Sie bot an, ihre eigene Anschrift im Westen für die postalische Zusendung zur Verfügung zu stellen.

Fast genial, diese Lösung. Aber der Preis war hoch. Meine Mutter war nun gezwungen, regelmäßig in Duderstadt die zugeteilten Lebensmittel persönlich abzuholen. Etwa zweimal im Monat.

Diese verzwickten Zusammenhänge waren mir als Kind natürlich nicht bekannt. Was ich aber miterlebt und deutlich in Erinnerung habe, sind Anspannung, Aufregungen und Sorgen, die mit diesen illegalen Grenzgängen verbunden waren, sowohl bei der Planung als auch bei der Durchführung. Was würde passieren, wenn Mutter vom Grenzposten „geschnappt" würde? Genau wusste man das nicht. Wahrscheinlich wäre es glimpflich verlaufen. Illegale Grenzgänger aus der Region wurden zunächst in die Kommandantur gebracht und dann in Begleitung zweier Soldaten nach Weißenborn geführt. An dieser größeren Grenzstation wurden die Ausweispapiere kontrolliert und die „Schwarzgänger" am folgenden Tag wieder freigelassen. Aber nicht nur der Fußmarsch von je etwa 15 km wäre äußerst beschwerlich gewesen, schlimmer noch war der Gedanke, die Lehrerin müsste im Gefangenentrupp das Dorf durchqueren. „Sieh an", hätte es dann wohl geheißen, „nun haben sie die Lehrerin doch mal erwischt!" Mitleid oder Häme? Beides nicht wünschenswert!

Christiane Eichler-Magdsick

Alles war möglich zu dieser Zeit.

Im Krieg geboren, im Nachkrieg groß geworden.
Flüchtlinge überall. Mutter und Kind in einem Dorf bei Weimar.
Der Ettersberg, ein weit gedehnter Hügel.
Felder, dichte Wälder. Buchen. Graue Stämme. Elefantenbeine.
Vorsichtig sind die Kinderfüße.
Im Frühjahr breiten sich weiße Teppiche aus. Buschwindröschen.
Pflücken und zu kleinen Sträußen binden.
Im Sommer Pilze suchen. Pilzaugen entwickeln.
Täublinge, Pfifferlinge. Nicht aus der Erde reißen,
abschneiden, damit hier wieder ein Pilz wachsen kann.
Von irgendwo Stimmen. Deutsche? Russen?
Die Angst der Frauen. Mutters Ohren sausen.
Das Kind muss die Ohren spitzen.
Aufatmen. Die Wortbrocken klingen vertraut.
Im Herbst, wenn die Bucheckern
aus ihrem stachligen Gehäuse springen,
die scharfkantigen Eckern sammeln. Zur Ölmühle bringen.
Oder auf Fäden ziehen und sich schmücken.
Und immer Äste und Knüppel aufraffen. Die Winter sind kalt.

Buchenwald, ein Wald voller Buchen?
Die Frauen flüsterten. Kinder hörten zu.
Der Ofen glüht.
Rauch über der Stadt der Dichter und Denker.
Hexen und Riesen entfachten das Feuer. Buchenwald.
Ein Wort mit doppeltem Boden.
Das ehemalige KZ war nah. Ein Lager für
unliebsame Elemente. Die Frauen flüsterten. Zuchthäusler.
Schwerverbrecher. Finstere Gestalten kamen von dort.
Alles war möglich zu dieser Zeit. Kinder hörten zu.

Ilse Bilse.
Hexe Ilse fertigte im Buchenwald
Lampenschirme aus Menschenhaut.
Kinder wussten das.
Hexe Ilse, keiner willse,
kam Otto Koch, nahm sie doch.
Im dunklen Weimar munkelte man. Ilse,
die Frau des KZ-Kommandanten Koch
bastelte mit Haut und Knochen.
Die Frauen flüsterten.
Hatte die Mutter auf Befehl von US-General Patton
das KZ betreten und die Lampen gesehen?
Gehörte sie zu den tausend Weimarer Bürgern,
die am 16. April 1945 erkennen sollten,
was bis zu diesem Zeitpunkt unvorstellbar war?
Die Frauen flüsterten.
Bleiern ging ein Raunen durch die Stadt und setzte sich.
Die Frauen flüsterten. Das kann nicht sein.
Nein. Auf keinen Fall. Das ist nicht wahr!
Die Frauen flüsterten. Wenn Hitler das gewusst hätte.
Das kann nicht sein. Die Frauen flüsterten.
Neinnein! Und wenn doch? Nein,
eine Inszenierung der Amerikaner!
Die Frauen flüsterten, Kinder hörten zu.

So ein wüstes Durcheinander! Aufräumen!
Die Mutter mahnte das vierjährige Kind. Räum auf!
Fang endlich an!
Aufräumen, hab ich gesagt! Sonst
muss alles weg.
Meine Mutter mahnte zum letzten Mal.
Ich weiß nicht, warum ich nicht tat, was ich sollte.
Im eisernen Feuerofen knistert die Glut.

Ich stehe vor der weit geöffneten Klappe.
Hier ist es schön warm. Aufräumen,
hab ich gesagt! Was zu viel ist,
ist zu viel! Spielsachen fliegen.
Der Rachen ist rot. Flammen lodern.
Kinderkrempel.
Es brennt! Es brennt! Die Puppe
fängt Feuer. Das Feuer zischt. Gleißend
sticht die Flamme hoch.
Die Puppenmutter sieht ihr Kind.
Ein Arm winkt lichterloh.
Zelluloid schmilzt.
Wo war ich?
Wohin konnte ich fliehen?
Alles war möglich zu dieser Zeit.

Der Mutter hat das Herz geblutet. Denn sie wusste,
eine neue Puppe kann sie nicht kaufen.
Leergefegt waren die Geschäfte. Der Schwarzmarkt zu teuer.
Aber wer nicht hören will, muss fühlen.
Sie glaubte, in der Erziehung konsequent sein zu müssen.
Das Buch von Johanna Haarer,
„Die deutsche Mutter und ihr erstes Kind", leitete sie.

Kaja Lange-Rehberg

Nur ein Glas Wasser

Diesem Tag war anzumerken, dass er nicht von Bedeutung sein würde. Er war heiß und sehr langweilig: keine Spielkameraden in Sicht, alle sicher im Schwimmbad, die Hühner langweilig, Puppe Monika langweilig, die Schiffe auf dem Rhein bewegten sich immer im selben Tempo stromauf und stromab, leise oder lauter vor sich hin tuckernd. Das kleine Mädchen saß im Vorgarten auf der Bank und ließ seine kurzen Beine hin- und her- und vor- und zurückpendeln und wurde schläfrig.

Da nahm das Kind – halb schlafend – ein Summen wahr, das zum Brummen und schließlich ein Dröhnen wurde, und es erkannte die Geräusche: sich nähernde, große Fahrzeuge; schnell hellwach, stand es auf, um zu sehen, wohin sie fuhren. Bremsen quietschten lange und gründlich ziemlich in der Nähe: ein – zwei – drei braun-gelbliche Busse hielten an, langsam öffneten sich Türen und heraus hangelten sich Männer, alle in senffarbenen Uniformen, viele, immer mehr füllten die Uferstraße.

Das Mädchen eilte zu seinem Ausguck, zum hochgelegenen Mauervorsprung im Vorgarten und schaute mit klopfendem Herzen herunter auf eine sich vor ihm bewegende und sich vergrößernde Menge von Soldaten. Nein, Angst empfand die 6-Jährige nicht, wohl Respekt, wie sie auch Respekt vor ihrem Vater hatte, von dem ein großes Foto in Uniform im Zimmer hing und auf dem er stolz, jung und schön aussah.

Bald entdeckte sie einen Soldaten, den sie sofort besonders nett fand. Wer hatte bloß zuerst gelächelt: sie oder er? Sympathie schwebte hin und her, schließlich kam er langsam auf sie zu und sagte etwas zu ihr hinauf, was wie „Belgien" klang.

Jetzt wurde es spannend, denn sie hatte noch nie jemanden gesehen aus diesem Lande Belgien, wo ihr Vater im 1. Weltkrieg als Soldat gekämpft hatte. Sie wusste, dass er gegen Belgier im Allgemeinen war, was die Begegnung allerdings noch faszinierender machte. Die nächste Mitteilung empfing sie von dem jungen Mann teilweise in Zeichensprache, und sie verstand sehr leicht: er hob die Hand zum Mund, als ob er trinken würde und fragte lächelnd: „Kaffee?" Er hatte Durst, auf zur Tat.

Mit fliegenden Zöpfen eilte sie, mehrere Stufen auf einmal nehmend, ins Haus, erzählte atemlos von dem draußen in der Hitze fast verdurstenden belgischen Soldaten, der gern Kaffee hätte. Eine lange, leise geführte Debatte der Eltern – stand der Feind vor der Tür? – folgte nun, Drängen meiner christlichen Mutter, Kopfschütteln des ehemaligen Soldaten und Schluss.

Das Kind wurde herausgeschickt mit einem Glas Wasser. Das Kind schämte sich, fühlte, dass es eine Tasse voll Hass hinaus in die Sonne trug. Und so kam es, dass es den Soldaten herein in den Garten winkte und sich neben ihn auf die Gartenbank setzte.

Es war verlegen, denn wie sollten sie sich unterhalten? Nachdem er in großen Schlucken getrunken hatte, begann er die Konversation. Er: „Swim?" Sie: schüttelte die Zöpfe. Er: „School?" Sie: nickte ernst. Er: „Sister?" Sie: verneinte.

Das Gespräch war auf diese Weise richtig in Gang gekommen, als er plötzlich zurück zu seiner Truppe gerufen wurde. Das Kind winkte ihm betrübt hinterher.

Im Haus wurde das Kind erst mal streng verhört, musste: Wer.....Was....... Warum ??? beantworten. Warnung und Ermahnungen ließ es über sich ergehen und vergaß sie wieder, sobald sie ihren Platz auf der Gartenmauer wieder erreicht hatte.

Ah, Gott sei Dank standen die drei Busse immer noch am Rheinufer. Plötzlich Stimmen, immer mehr, immer lauter, die senfbraunen Männer kehrten zu den Fahrzeugen zurück. Einer aus der Menge kommt winkend auf sie zu, sie winkt zurück, und schon ist sie auf der Straße.

Er hält eine große Tüte in der Hand, er schenkt sie ihr, und sie nimmt sie, und sie öffnet sie, und sie blickt auf eine Menge goldgelber, knuspriger Brötchen und kann es kaum glauben.

Sie dreht sich um und geht, läuft, rennt nach Hause zu ihren Eltern, zu ihrem Vater, dem sie das Geschenk zeigt und in die Hand drückt, und sie ist von ganzem Herzen teuflisch zufrieden.

Kaja Lange-Rehberg

Das Mädchen Leni

Eigentlich ist es friedlich in diesem einen Zimmer, das unsere ganze Wohnung ist seit dem Krieg. Ein Paravent teilt das Zimmer in Schlaf- und Wohnbereich, der wiederum unterteilt ist in Koch-, Wohn/Ess- und Waschecke. Meinen Spieltisch und mein kleines Bücherregal haben mir meine Eltern neben der Tür eingerichtet. Unter der Klappe meines Spieltischchens liegen meine Puppe, Fips, der Affe, und Albert, der Hund, sowie ein lehrreiches Quartettspiel. Die Nähmaschine meiner Mutter summt und surrt hinter mir seit Stunden, mein Vater sitzt am Tisch und raschelt und knistert die ganze Zeit mit seiner Zeitung.

Ich steige aufs Sofa, von wo aus ich durch das große Fenster auf den Judenfriedhof, über die Mauer, die ihn umgibt und auf die Straße schauen kann. Alles … windig und grau und öde.

Doch da steht etwas an der Friedhofsmauer, das ich nicht richtig erkennen kann. Ich steige auf die Sofarückenlehne und spähe hinaus. Ich erkenne eine Art Wohnwagen wie die, mit denen Schausteller herumfahren von Kirmes zu Kirmes. Vorfreude kribbelt leise in mir, denn eine Kirmes unten am Rheinufer gehört zu den besonderen Ereignissen meines Kinderlebens.

Der Wohnwagen scheint bei uns abgestellt worden zu sein, denn Pferde oder einen Traktor, der ihn ziehen könnte, kann ich nicht sehen. Er ist ganz aus dunklem Holz, hat eine Tür und zwei kleine Fenster mit Gardinen wie ein richtiges Haus.

Hinter einer Gardine bewegt sich etwas! Meine ganze Aufmerksamkeit ist jetzt darauf gerichtet, ob vielleicht jemand am Fenster erscheint. Und tatsächlich: ein Kinderkopf regt sich da, ein Mädchen mit einem Lockenkopf taucht auf, große Augen schauen heraus in unseren Garten, eine Nase wird an der Scheibe plattgedrückt, die Scheibe beschlägt vom Atem, ein Ärmel wischt sie klar, und jetzt wandern die Augen … zu mir. Ich lächle ihr zu, winke und warte: ja, sie lacht und gibt mir ein Zeichen mit der Hand. Mir ist sofort klar: ich soll rauskommen und mit ihr spielen. Ich nicke heftig

und klettere hinunter von meinem Hochsitz. Sofort hört das Summen und Surren und Rascheln im Zimmer auf, und ich werde gefragt: „Was hast du vor? Was machst du da?" „Mami, kann ich rausgehen?"
Meine Mutter zögert, mein Vater steht auf und schaut nach, mit wem ich da scheinbar Pläne schmiede. Schon habe ich meine Jacke angezogen, als er mich am Kragen packt. „Das sind doch Zigeuner. Mit denen kannst du nicht spielen." Ich versuche den Aufstand: „Aber warum denn nicht? Hier ist es so langweilig." „Zigeuner sind gefährlich, die klauen Kinder ..."
„Aber das ist doch nur ..."
„... ein Mädchen wie ich", wollte ich sagen, unterdrückte die Worte bei seinem drohenden Blick, mit dem er mich – wie viele Male vorher und auch danach – in den Gehorsam verbannte.

Im Sommer 2009 – also ungefähr 60 Jahre nach diesem Kindheitserleben – befand ich mich auf dem Weg ins Bundesarchiv in Berlin, das in preu-ßisch-strengen roten Backsteingebäuden – ehemals Kasernen – unterge-bracht ist. Nach Vorlage meines Ausweises konnte ich dann einen Packen Dokumente und zwei Pappkästen entgegennehmen und mir einen Platz im Leseraum suchen, in dem absolute Stille herrschte. Fast gierig öffnete ich das erste Kästchen und fand 35 Dias vor, im nächsten Kästchen noch einmal dieselbe Menge. Da waren sie endlich, die Originalfotos von „mei-nen" Stolberger Zigeunern: ich hätte laut jauchzen können vor Freude.
Mir war so, als ob ich dem Vergessenwerden ein Schnippchen geschlagen hätte, nein, nicht dem Tod, denn alle 37 Roma, darunter 24 Kinder, wur-den am 2.3.1943 nach Auschwitz deportiert und dort innerhalb der nächs-ten 1½ Jahre alle ermordet. Aber ich wollte sie dem Vergessen entreißen, und ich wollte sie auf vergrößerten Porträtfotos, ergänzt mit lauter Erin-nerungen an sie, die ich bei Zeitzeugen gesammelt hatte, den Stolberger Menschen zeigen.
Immer wieder schaute ich die Dias an, die ein Rassehygieniker im Jahre 1940 von ihnen gemacht hatte, um sie restlos zu erfassen mitsamt ihren „Abmessungen" und ihren Fingerabdrücken, damit sie ausnahmslos in den Tod, in ein anonymes Vergessenwerden, geschickt werden konnten. In den

Augen der Erwachsenen sah ich die bittere Ahnung dessen, was mit ihnen passieren würde, sogar die Kinder blickten ernst drein.

Und dann fand ich unter den Porträts sie, ein energisch aussehendes Mädchen mit dunklen Locken und großen Augen mit Namen Helene, in einem Namensverzeichnis auch „Leni" genannt. Das war sie, so hätte sie zumindest aussehen können, das Mädchen hinter der Gardine im Wohnwagen.

Geboren 2.12.1931
Ermordet 13.4.1944

Zeitleiste   1950 – 1960

In der DDR: Gründung des Ministeriums für Staatssicherheit (Stasi). Am 17. Juni 1953 wird der Arbeiteraufstand blutig niedergeschlagen. **Eine Zuspitzung des Kalten Krieges: Die DDR tritt dem Warschauer Pakt bei, die BRD der NATO.** **1957: Die BRD** gehört zu den Gründungsmitgliedern der **Europäischen Wirtschaftsgemeinschaft EWG.**

Trotz Entnazifizierung gibt es viele Amnestien ehemaliger Naziprofiteure (Krupp z. B.) in Wirtschaft, Justiz und an den Universitäten.

Beginn eines demokratisch-politischen Systems mit dem Bundeskanzler Konrad Adenauer und der Phase einer rasanten wirtschaftlichen und sozialen Veränderung **durch sinkende Arbeitslosigkeit und steigende Löhne.**
Bundeswirtschaftsminister **Ludwig Erhard** beschreibt die *„freie Konsumwahl"* 1951 als demokratisches Grundrecht und fordert **„Wohlstand für alle!"**
Das „Wirtschaftswunder" Deutschland entsteht.
Es ist die Zeit einer **aufblühenden Industriegesellschaft** mit einem **charakteristischen Lebensstil** und einem **typischen Konsumverhalten.**
Durch sozialpolitische Weichenstellungen (wie z. B. die Lohnfortzahlung im Krankheitsfall) erlangen die Arbeiter **als Konsumenten der Massenwaren** volkswirtschaftlich ein neues Gewicht.

Die Arbeitsanstrengung unter der Bevölkerung ist enorm. Bis Mitte der 50er Jahre ist die Wochenarbeitszeit 49 Stunden.

Zahlreiche Haushalte müssen sich noch lange eine Wohnung teilen. So wird die Sicherung einer **privaten Häuslichkeit mit einer eigenen Wohnung zu einem zentralen Ziel der Menschen.**

Ab Mitte der 50er Jahre geht es vor allem um die **Mehrung des privaten Wohlstands.**
Man verbringt nach der großen Tagesbelastung seinen Feierabend meist zu Hause in der Familie.
Nach der **„Fresswelle"** geht es in einer **zweiten Konsumwelle um Kleidung und den Hausrat.** Dabei dominiert die Vorstellung einer bürgerlichen Repräsentationskultur mit Sonntagskleidung, massigen Couchgarnituren und „Ölgemälden" über dem Sofa.

Der elektrische Kühlschrank hält ab Mitte der 50er Jahre Einzug in die Haushalte. Ende des Jahrzehnts folgen die Waschmaschine und der Staubsauger. Die meisten deutschen Haushalte besitzen ein Radio. Einen Fernseher mit einem Programm von 20.00 – 22:00 Uhr haben erst wenige.
Die Massenmotorisierung beginnt 1955.
Ein **Tourismus,** nun auch für den „kleinen Mann", fängt ganz langsam an mit Reisezielen in Deutschland.

Die ca. **14 Millionen Flüchtlinge** aus den ehemaligen deutschen Ostgebieten, aus der sowjetischen Besatzungszone und der DDR machten ein Fünftel der jungen BRD aus. 800 000 Deutsche wandern nach Übersee aus: USA, Kanada und Australien.

Trotz unterstützender staatlicher Hilfen sind die Neuankömmlinge gegenüber der alteingesessenen Bevölkerung materiell oft im Nachteil und ihnen wird mit **Vorurteilen** begegnet. Jedoch profitiert die Leistungskraft der Wirtschaft sehr schnell von der Integration der Vertriebenen und Flüchtlinge in das Erwerbssystem und eine Annäherung erfolgt.

Die Wertemuster in Ehe, Familie und Schule sind **nach wie vor autoritär.**

Zunächst (1956) sind es **rebellische Halbstarke** aus dem städtischen Arbeitermilieu, die durch ihre Nietenhosen, Haartollen, Lederjacken und ihre Musik einen neuen Lebenswandel zur Schau stellten. Häufig liefern sie in Krawallen nach Filmvorführungen oder Konzerten Auseinandersetzungen mit der Polizei.

Sehr schnell weitet sich die *neue Jugendkultur* bis ins bürgerliche Lager aus.

Ihre Vorbilder finden sie in der populären Musik und in amerikanischen Filmen. Bill Haley, Elvis Presley, Marlon Brando und James Dean werden zu Idolen dank ihrer Lässigkeit und dem neuen **„Lebensgefühl des Rock'n' Roll"** mit seinen revolutionären Klängen und Rhythmen.

Seit Mitte der 50er Jahre ist die Jugendarbeitslosigkeit fast vollständig verschwunden. Die Halbstarken sind die ersten Jugendlichen, die nennenswerte Geldmittel zur Verfügung haben.

Einflüsse der Amerikaner mit Coca Cola und Kaugummi, mit Karohemden und Nietenhosen, vor allem mit ihrem sportlichen und lässigen Auftreten und ihrer unverkrampften Gebärdensprache. Sie sind ein willkommener Kontrast zu einer Gesellschaft mit extrem arbeitsamen Elternfiguren und ihren einengenden Maßstäben.

Christiane Eichler-Magdsick

Suchkinder

Ein Kind fährt nach Westen
mit der Mutter auf harter Bank.
Die Zugbremsen kreischen Zonenwechsel.
Stopp. Fahles Licht Nebel-
schwaden, Stacheldraht, Drahtverhau.
Stiefel stolpern, Schotter rollt.
Gekläff, Geschrei,
Scheinwerfer flammen,
Schüsse krachen
an der Grenze der DDR zur BRD.
Der Mann am Fenster schiebt
den Arm hinauf und zwängt ein Bündel
Scheine in einen Spalt.
Das Kind beobachtet,
Blicke treffen,
Augen lesen, Ostgeld Ausfuhr verboten.
Schwere Schritte Abteiltüren knallen,
Militärstiefel dringen ein,
Aufenthaltsberechtigung, Grenzkontrolle.
Stoßen und ruckern
endlich, der Zug fährt, Augen sprechen.
In Hamburg tragen die Sonntagseier
flauschige Mützen.
Ein Ei für das Kind ganz allein.
Ohne Netz im Wirtschaftswunderland
ein Hochseilakt
für Mutter und Kind.

Mein Blick schärfte sich
für das Schicksal der anderen.
Du, da an der Wand,
woher kommst du?
Überall suchten sie, fragten Kinder wie ich.
Ihre Augen folgten mir
aus den Behörden der Hansestadt,
den langen Fluren im trüben Licht
in die zugigen U-Bahnschächte
bis in die ratternden Triebwagen.
Fragten nach der Mutter,
dem Bruder, nach Verwandten und Nachbarn.
Kennst du mich?
Überall im öffentlichen Raum
klebten in den fünfziger Jahren
die Fahndungsplakate des DRK Kindersuchdienstes.
Fotografierte Gesichter dicht an dicht.
Magere Angaben.
Wer kann einen Hinweis geben?
Wo ist mein Vater? Wo meine Schwester?
Ich hörte in die Einsamkeit.
Suchkinder, Findelkinder, Waisen.
Wer bin ich? Strandgut
aus Bombenangriffen, Flucht, Vertreibung.
Ernst fahndeten die Kernseifengesichter
nach ihrer Identität. Kein Auge blinzelt.
Kein Mund zuckt. Straff
gestriegelt sind die Haare.
Strenge Blicke folgen mir. Du hast eine Mutter.
Wer bin ich?
Augen grau-blau,
Haare dunkelblond, geschätztes Alter
heute vielleicht 10, vielleicht 12.

Name unbekannt,
vielleicht Heidemarie. Herkunft
unbekannt, vielleicht Stallupönen,
vielleicht Danzig, vielleicht, vielleicht.
Im Schnee aufgegriffen,
vielleicht aus einem Kindertransport,
vielleicht verloren auf einem Treck aus Schlesien,
in Kolberg einer Frau in die Arme gedrückt,
vielleicht aufgefunden im Bahnhof von Stettin.
Vielleicht, vielleicht.
Hier bin ich.
Karteinummer 40401. Wer bin ich?
Vielleicht, vielleicht.
Gesichter starrten mich an.
Du hast eine Mutter. Du weißt, wer du bist.
Die DRK Steckbriefe gaben sich Mühe.
Manchmal rettete
ein Monogramm aus der Namenlosigkeit.
Manchmal eine Narbe oder ein Leberfleck.
Fast 68 000 Kinder fanden ihre Angehörigen.
Doch manche fragen
und suchen noch immer.

In meiner Generation war Anne Frank das Opfer.
Ihre Augen schauten uns an.
Ernst und dunkel. Neugierig wach,
erwartungsvoll mit einem Funken Humor.
Ihr Tagebuch war unsere Pflichtlektüre.
Anne schrieb mit kritischem Blick und kühner Selbst-
behauptung gegen ihr Schicksal an.
Sie wollte ihr eigenes Leben,
nicht die tradierte Rolle einer Frau. Aufbegehren
gegen die Erwachsenen.

Gegen die Mutter und den Terror des Regimes.
Nicht altersgemäß. Unangepasst.
Frühreif überspannt, meinten manche Eltern.
Ermutigend. Denn wir wussten,
so wie die Welt war, durfte sie nicht sein.
Die Schatten des Nationalsozialismus waren lang.
Anne fühlten wir uns nah, ihr galt unsere Liebe.
Schmerz und Trauer.
Behütet und genährt versteckte sich die eigene Not
im Leid der anderen. Schweigend
verharrte sie im Nachkriegs-Überlebenskampf.

Für mich war das Schlimmste schon geschehen.
Die Stadt im Feuersturm.
Das nahe Konzentrationslager. Das war einmal.
Du hast Glück gehabt. Du lebst.
Nutze deine Chancen!
Das äußere Chaos
wanderte von Deutschland in die Welt,
das innere bleibt im Versteck.
Nur manchmal schlafe ich auf Eisschollen.
Nur manchmal dröhnt ein Rattern
und Rasseln in meinen Traum.
Schwer schieben sich Panzer um die Ecke.
Schreien, wir sind da!
Phantasien bedrängten das Kind.
Kreativität und Kunst retten mich, waren
das Zimmer für mich allein
in der Enge mit der Mutter. Türen öffneten
sich in das Leben, Finsternis und Licht.
Immer ist das Glas halb voll für mich.

Mechthild Schade

Rund ums Spülen –
gemeinsam oder allein

I. 1950

Für das Einzelkind von neun Jahren waren Essen und Trinken mehr als Nahrungsaufnahme, oft genug wirksames Mittel im Kampf gegen die „Großen", Mutter, Großmutter und Tante. Verweigerung war einfach und erfolgreich.

Das änderte sich schlagartig am Mittagstisch im Internat. Nicht mehr Essen oder Nichtessen war hier die Frage, sondern Schnelligkeit: resolut zugreifen, bevor Kartoffeln und Rotkohl kalt und solange die Stücke Bratwurst noch zu haben waren. Futterneid als Heilmittel für missgelaunte, nörgelnde Schlechtesser.

Drei Mahlzeiten täglich gab es für die siebzig Schülerinnen im Alter von 10 bis 19 Jahren. Jede hatte ihren festen Platz am Tisch bei den Klassenkameradinnen. Im wöchentlichen Wechsel mussten sich fünf oder sechs Mädchen mittags zum Spüldienst einfinden, besser: zum Abtrocknen!

Die Spülküche war durch eine Tür und eine Durchreiche mit dem Speisesaal verbunden. Einladend war dieser Raum nicht mit der stets feucht-warmen Luft und den großen Becken aus Metall oder aus Stein. Zweckmäßig eben. Mit grau-blau karierten Baumwolltüchern ausgestattet ging es dann an die Arbeit. Mehr als siebzig Messer, Gabeln, große und kleine Löffel waren trockenzureiben. Klirren und Klimpern der Einzelteile schufen eine Geräuschkulisse, unterbrochen durch das Stimmengewirr der kleinen Mädchen.

Für den Abwasch war Evelyne zuständig, eine ältere, verhärmt aussehende Frau. Sie war auf der Flucht aus Schlesien von ihren Angehörigen getrennt worden und hatte im Kloster Zuflucht gefunden. Wortkarg und ernst, ruppig in ihren Bewegungen, ging sie ihrer Arbeit nach.Sie schien uns zuzuhören und ließ uns gewähren. Nur einmal ergriff sie das Wort. Die Kinder redeten über die Flötenstunde und die ersten Geigenstriche, als Evelyne sagte: „Eine Geige kann laut jubilieren und auch weinen!" Erstaunt guckten wir auf; erst jetzt nahmen wir sie richtig wahr. Von diesem Moment an schien die Fremdheit blasser zu werden, und Jahre später besuchten wir sie im Altenheim.

II. 1953, drei Jahre später

„Hurra, wir haben eine Wohnung! Raus aus dem Internat! Drei Jahre sind genug."

Zwar war das möblierte Zimmer meiner Mutter im Laufe der Zeit größer und schöner geworden, aber eine Unterkunft für zwei Personen hatte sie im Städtchen nicht finden können. Und nun diese Neubauwohnung in einem der Siedlungshäuser. Was für ein Glück! Die Schattenseiten wurden damals nicht als solche empfunden: Badewanne im unbeheizten Keller, Ofenheizung in jedem Zimmer, fließendes kaltes Wasser, ein richtiges Water Closet (W.C.), ein winziges Waschbecken daneben, eine Kochnische mit zweiflammigem Gasherd ohne Backofen. Großartig!

Zum Spülen musste also zuerst Wasser im Kochtopf erhitzt werden. Die weiteren Arbeiten teilten sich Mutter und Tochter. Die Mutter wusch ab, das Teenagermädchen sollte abtrocknen. Das tat es auch, aber nicht, ohne gleichzeitig im aufgeschlagenen Buch weiterzulesen. Geschirrtuch in der einen, Teller in der anderen Hand. Zu blöde, diese Hausarbeit, reine Zeitvergeudung! Während bei Nesthäkchen, Pucki und Goldköpfchen die wahre Musik spielte, mit Tennis, Cocktails und Verlobungsfeier. Davon konnte man nicht lassen! Keine Spur von Verständnis für die Seufzer der verzweifelten Mutter. Wenigstens blieb der Hausfrieden gewahrt.

Kaja Lange-Rehberg

Eine gnadenreiche Zeit

„Macht hoch die Tür, die Tor macht weit."
Mein Vater steht in der Tür, mit Brille und Blatt in der Hand. Klar, das bedeutet: Ich muss antreten zum Aufsagen.
Ich folge ihm ins Wohnzimmer und beginne schicksalsergeben: „Macht hoch die Tür …" Er unterbricht mich: „Nein, nein, wir üben jetzt das andere noch mal, weil das noch nicht sitzt. Ich lese es dir noch mal vor. Also: Weihnachten, Pause, von Joseph von Eichendorff. Pause. Markt und Straßen stehn verlassen. Still erleuchtet jedes Haus, wieder Pause. Sinnend geh' ich …" Ich höre nicht mehr zu, denn er hat mir das Gedicht schon so oft vorgelesen, dass ich es nicht mehr hören mag. Außerdem: Was bedeutet das überhaupt, „sinnend" und dann „hehres Glänzen" und „heil'ges Schauern"? Mein Vater schließt gerade das Gedicht mit erhobener Stimme: „O du gnadenreiche Zeit."
„Jetzt bist Du dran. Steh nicht so krumm und halt den Kopf hoch beim Sprechen und denk an die Pausen und die Betonung." Und ich bemühe mich, an das Stehen zu denken und das Kopf-Halten und an die Pausen und vor allem an die Betonung, vergesse den Josef von Eichendorff, sage „singend" statt sinnend und weiß nicht mehr, dass die Frauen buntes Spielzeug fromm geschmückt haben und warum sie das getan haben, weiß ich auch nicht.
Mein Vater spricht mir das ganze Gedicht noch einmal vor, aber ich vergesse eine halbe Zeile in der 3. Strophe, weiß den Beginn der 4. nicht mehr und komme auch nicht drauf, als mein Vater mich streng ermahnt, mich zu konzentrieren.
Als ich verzweifelt beteure, das Gedicht sowieso nicht behalten zu können, wird er laut, so laut, dass meine Mutter, die in der Küche ein Weihnachtslied auf der Gitarre übt, abrupt aufhört zu spielen und ins Wohnzimmer stürzt, um zu bitten, dass mein Vater mich nicht weiter quälen solle. Ich will ihren Streit nicht und deshalb beteure ich, das Gedicht jetzt zu kön-

nen, und plötzlich kann ich es. „Na also, wenn man etwas will, kann man es auch": der Kommentar meines Vaters.

Am Samstagnachmittag findet die Adventsfeier der Evangelischen Gemeinde im überheizten Gemeindesaal statt. Auf den weiß gedeckten Tischen stehen Kaffeekannen und Marmorkuchen, die Stühle sind alle besetzt, hauptsächlich mit älteren Damen in weißen Blusen mit Broschen daran. Gemurmel und Gekicher im Saal, Kaffeetassen klirren, aber als der Herr Pfarrer den Saal betritt, wird alles mucksemäuschenstill. Ich fange an zu zittern, weil ich weiß, was gleich von mir erwartet wird, und ich mich doch an rein gar nichts mehr erinnere. Mein weißer Strickpullover kratzt plötzlich, an meinem Faltenrock ist vielleicht ein Knopf kaputt, die weißen Kniestrümpfe rutschen, und meine Stiefel drücken. Der Herr Pfarrer ist mit seiner Ansprache fertig, Marlies hat eben „Macht hoch die Tür" auf der Blockflöte gespielt und setzt sich wieder neben mich. Jetzt gehe ich nach vorn und wende mich zu meinem Publikum, meine Mutter winkt und dann lege ich los, und dann sehe ich nichts und niemanden mehr.

Und ich höre eine Stimme, die ruhig und feierlich das Gedicht „Weihnachten" von Joseph von Eichendorff ankündigt, „sinnend" durch Gassen geht, zusammen mit „tausend Kindlein" steht und schaut, eine Stimme, die sich laut wundert, wie die Welt „so weit und still" ist und voll Pathos erzählt, wie die „Sterne hoch die Kreise schlingen".

Die Stimme ist beschwingt, berauscht, möchte höher und höher hinauf, bis ich begreife, dass die Stimme meine ist und ich das gar nicht sein kann, und ich fange an, den Faden zu verlieren und den letzten Satz kann ich nur noch flüstern: „Oh, oh …… du schöne Zeit!"

Kaja Lange-Rehberg

Wer ist das auf dem Bild?

Im Hintergrund die Bücherschränke der Eltern aus dunklem Holz, Glas-
schiebetüren, Bücher = Bertelsmann-Lesering-Kostbarkeiten: Margaret
Mitchell neben Selma Lagerlöf, älter noch Schopenhauer, Rodin, Nietz-
sche, Goethes Faust mit Goldschnitt: alle in etwa nach der Größe geordnet.
Ganz oben im Schrankdunkel verhaltenes Glitzern von Weingläsern in Reih
und Glied: ein vom Fotografen sorgfältig gewählter Ort.
Davor auf dem beige-braunen Teppich ein schwerer, mit mattgrauem Samt
bezogener Sessel.
Breitflächig drapiert darauf in Schwarz und Weiß ein alterslos aussehendes
weibliches Wesen. Sie hält Kopf, Hals und Schultern sehr gerade gestreckt,
so, als ob irgendjemand sie unfreundlich in den Sessel gesteckt hätte.
Das Wesen steckt in einer weißen Bluse, die jede Weiblichkeit leugnet durch
überlockeren Schnitt und einen hoch geschlossenen Spitzenkragen. Aus den
Ärmeln hängen dünne Arme und Finger herab auf den fallschirmartig aus-
gebreiteten schwarzen Taftrock. Auch diese dunkle Stoffwüste lässt nicht
mal erahnen, dass eine Frau, eher ein Mädchen, sich darunter befindet.
Wenn ich das nicht zufälligerweise selbst gewesen wäre, würde ich nicht
glauben, dass diese posierende Person 13 Jahre alt und frisch konfirmiert
war.
Ich bekomme das Gefühl, diesem steifen, offenbar fremdbestimmten Wesen helfen zu müssen, ich würde ihr gern die geordneten Locken zerzausen,
das glatte Gesicht gern zornig, das straffe Lächeln gern locker zaubern.
Vergebens, vergangen, vorbei!
Nur der Blick auf die abhebenden Füße des Mädchens und mein heutiger
Blick zurück aus fast 60 Jahren Entfernung enthüllen, dass damals ein Dauerlauf begann und dass die junge Frau dazu bereit war.

Chris Kilian-Hütten

Wie sie einmal überlebte ...

Kaum hatte der Vater sich verabschiedet und war gegangen, warf sie sich auf den Koffer von zuhause, in dem all ihre Anziehsachen waren. Das Heulen brach einfach aus ihr hervor, hörte gar nicht mehr auf, und man musste nachher ihren Körper mit viel Reden Arm für Arm, Hand für Hand loslösen von dem vertrauten, braun melierten Pappkoffer.

Wie oft hatte sie sich die vielen Schaukeln ausgemalt, die sie doch bestimmt in dem Erholungsheim hatten, und wenn ihre Mutter dann immer noch so traurige Augen machte, dachte sie, dass Mütter ihre Kinder eben immer nur gerne bei sich haben wollen.

Sie wusste nicht, wie lange ein halbes Jahr war, und wenn jemand fragte, sollte sie sagen: „Die rechte Lungenspitze ist geschwollen." Nach dem Gespräch mit der Ärztin hatte sie die Hand der Mutter gehalten, und als sie ihr ins weinende Gesicht sah, wusste sie, dass es was Schlimmes war.

Abends vor dem Einschlafen stellte sie sich jetzt immer vor, wie dort in dem Heim alle zum Abschluss des Tages noch einmal auf den Spielplatz gingen. Da es so viele Geräte gab, brauchte kein Kind zu warten und sie konnte schaukeln, so lange sie Lust hatte. Schon wenn sie den Schlafanzug anzog, freute sie sich darauf, und sie spürte schon genau das Kribbeln im Bauch, wenn sie nach hohem Schwung von hinten wieder mit der Schaukel nach vorne sauste.

Hier roch alles so komisch. Ihr wurde schlecht. So viele Betten in einem Zimmer. Sie zog mit aller Kraft den Koffer auf das Bett, das man ihr eben gezeigt hatte, legte sich der Länge nach neben ihn und verbarg ihr verheultes Gesicht unter ihrem Arm.

Beim Essen setzte sie sich jetzt immer neben Karla und Mathilde. Die beiden machten immer alles zusammen, und sie hatten sich auch am ersten Nachmittag gemeinsam auf das Bett neben sie gesetzt. Sie saßen einfach nur da, ganz still und ganz lange und taten nichts außer ab und zu mal zu seufzen.

Karla sah aus wie die Bäuerin von dem Geflügelhof, wo sie immer Eier holten – nur als Kind eben. Stämmig und breit ihr Körper. Das Gesicht wie eine flache Scheibe, und die Unterlippe und das Kinn leicht nach vorne gezogen, als müssten sie dafür sorgen, dass nichts nach unten fiel. Sie hatte auch die dünnen roten Äderchen auf den Backen, die man aber nur von ganz nah sehen konnte. Von weitem sahen die Backen rot aus. Genauso wie die Hühnerfrau hatte auch sie ihre Haare geflochten. Nur steckte die sich immer einen Knoten, und Karla trug meist Zöpfe, die ihr wie kleine Hörner abstanden.

Mathilde hätte sie immer beschützt. Sie war so dünn. Schon die Haare schienen zu schwer für sie. Ihr Gesicht ganz schmal und weiß und wegen der dunklen Augenringe musste sie immer denken, Mathilde sei eigentlich zu schwach für alles. Sie konnte sich vorstellen, dass man ihre Arme leicht mit einem Knacks durchgebrochen hätte.

Der Esssaal war riesig, und überall standen Tischreihen mit Bänken. Hinter ihnen saßen die großen Mädchen. Die waren nett! Wenn sie nach der zweiten großen Brotscheibe einfach nicht mehr konnte und ihr das Essen fast hoch kam, schmierte sie sich – das mussten eben alle an ihrem Tisch – in aller Ruhe die dritte Scheibe und reichte sie dann heimlich hinter dem Rücken den Großen weiter durch. Erlöst!

Wurde sie erwischt, musste sie alleine vorne an dem Katzentisch sitzen. Alle konnten einen sehen und sie bekam zur Strafe statt Bananen, Trauben oder Äpfel zum Nachtisch nur immer Reis mit Zimt.

Alle sechs Wochen wurden Fotos gemacht. Dann war für die meisten Mädchen die Kur vorbei. Sie sah später, wie sie von Foto zu Foto immer dicker wurde und nach einem halben Jahr aus dem zarten hübschen Ding mit kinnlangem Haar und den dunklen langen Wimpern eine kleine Matrone geworden war – mit Zahnlücke vorne genau in der Mitte, die langen Haare zu einem Pferdeschwanz gebunden, mit prallen Pausbacken, die ihre Augen zu Schlitzen zusammendrückten.

Es kam ihr langsam so vor, als würde sie nur noch am Katzentisch sitzen. Meist hob sie gar nicht mehr den Kopf. Versuchte gar nichts mehr zu spüren. Einfach nicht da zu sein. Bis es vorbei war.

Nachmittags gingen alle regelmäßig durch das Salinental spazieren. Die Luft stank. Sie sollten sie einatmen. Das sei gesund! Sie kannte jeden Meter auswendig. Kein Wunder. Immer wieder gehen und atmen.

Sie war froh, neben Karla und Mathilde zu gehen, und manchmal nahm Frau Eber sie danach auch mit nach Hause, wo sie die Schlüsselblumen in die Vase stellten und sie ein Glas Limonade bekam. Frau Eber hatte blonde Locken und sie lächelte mit ihr.

Jeden Mittag und jeden Abend wurde Fieber gemessen. Dazu mussten sich alle mit nacktem Po auf den Bauch legen, und dann kam Schwester Irmina in ihrer Tracht und steckte jedem einen Fiebermesser rein. Kurz bevor man an der Reihe war, musste man den Po etwas heben, damit es leichter ging. Einmal stand sie danach heimlich auf und gockelte wie ein Hahn mit Federn mit dem Fiebermesser im Hintern durch den Schlafsaal. Alle kicherten und zur Strafe musste sie im Schwesternzimmer ganz alleine den Mittagsschlaf halten.

Die Schwester hatte ihr eine Ohrfeige gegeben, dass ihr die Backe immer noch brannte.

„Und du rührst dich keinen Millimeter mehr!" Sie lag starr wie ein Stock und ihr Herz klopfte so laut, dass sie es hören konnte.

Plötzlich musste sie mal. Nicht gleich oder bald. Nein! Dringend! Jetzt! Sie versuchte einzuhalten, alles zusammenzuziehen. Hier auch noch ins Bett machen!

Sie schaute sich um und sah das Waschbecken. Sehr hoch. Der Stuhl. Leise erhob sie sich, stellte den Stuhl neben das Handwaschbecken, nur kein Geräusch, kletterte vorsichtig drauf, pitschte die Beine wieder fest zusammen, die Hose runter, und dann gerade in dem Augenblick, als sie überlegte, wie sie sich am besten drehen sollte, da ging die Tür auf und Schwester Irmina stand da mit weit aufgerissenen Augen.

Christine Dieckert

Der Knubbel

Zu meinen frühesten Erinnerungen gehört eine Autofahrt mit meiner Mutter und Möllesch Ferdi zur Kölner Universitätsklinik. Ich war viereinhalb Jahre alt. Wenige Wochen zuvor hatte ich ein kurzes Gastspiel im katholischen Dorfkindergarten:

An diesem Morgen setzt meine Mutter mich unvermittelt auf den Gepäckträger ihres alten Fahrrads. Eigentlich gehört der Platz meiner großen Schwester. Aber ich kenne die Regeln: ich halte mich gut an Mutter fest und halte die Beine zum Schutz vor den schreddernden Speichen weit ausgestreckt. Es geht bergab Richtung Ortsmitte. Kurz hinter der Kirche, zur Linken das Pfarrhaus, hält sie am neu gebauten Kindergarten an. Sie übergibt mich der Obhut einer molligen Frau mit roten Backen, grauem Kleid und weiß gestärkter Schürze, die ich Tante Franziska nennen soll.

Mit unserem geburtenstarken Jahrgang hat Tante Franziska alle Hände voll zu tun. Es gibt zwei Gruppen, wir, die Kleinen, und nebenan die Großen. Die Kinder im Raum scheinen mit allem und einander vertraut. Und ich erfahre von ihnen, dass alles, ob Spielzeug oder Bilderbuch, schon jemandem gehört. Ich warte ab und beziehe einen Beobachtungsposten in der Ecke. Tante Franziska schickt uns nach draußen. Auf dem Spielgelände entdecke ich meine ältere Schwester, die mit ihren Freundinnen aus unserer Straße das bunt lackierte eiserne Klettergerüst besteigt. Sie übersieht mich geflissentlich, und ich respektiere ihre Bannmeile.

Nach einer Woche rät Tante Franziska meiner Mutter, mich zu Hause zu lassen, da ich bisher kein Wort gesprochen habe. So endet dieses kurze Abenteuer ohne Entdeckungen, ohne Eroberung. Meine Mutter wird nicht müde, den amüsierten Nachbarn zu erzählen, dass ich einfach lieber bei ihr sei. Dabei strahlt sie ein bisschen.

In den Wochen danach entsteht auf meiner rechten Backe eine Beule, ‚enne Knubbel', wie meine Mutter sagt. Ob ich mich gestoßen, mich verletzt habe – ich erinnere mich nicht. Die Beule wird kirschgroß und nimmt auch die Farbe einer blauroten reifen Kirsche an. Ich werde befingert, befragt. Niemand weiß Rat, nicht mal unsere Hausärztin, die mit dem ganzen Dorf per Du und seit dem tragischen Tod ihrer Tochter nicht immer ganz nüchtern ist. Sie lässt nicht locker, nutzt Kontakte, telefoniert und bereitet meine Untersuchung in der Uniklinik Köln vor und auch die Entfernung des runden Dings aus meinem Gesicht. Meine Mutter ist außer sich. Ich weiß nicht, was sie so sehr beunruhigt, wahrscheinlich die drohende Tagesreise in die große Stadt.

Mein Vater, ein Mann von breiter, kräftiger Statur, arbeitet als Hufschmied beim Schwager seines im Krieg gefallenen Bruders. Das monatliche Geld aus der Lohntüte, die er der Mutter ausliefert, muss für vier Mäuler reichen. Es ermöglicht ihm ein einfaches graues Moped, das er sorgfältig abends im Hof abschließt. Für die Fahrt nach Köln mit mir kommt es nicht in Frage.

Es gibt 1958 kaum Autobesitzer in unserer Straße, und doch bietet sich eine Lösung: Möllesch Ferdi. Sie sagen, Ferdi sei kriegsversehrt, ein Wort, so gewichtig, dass sich ein Nachfragen verbietet, besonders uns Kindern. Ferdi lebt bei seiner älteren verwitweten Schwester, und alle glauben, er sei ein bisschen verrückt. Trotz seiner gut vierzig Jahre wirkt er kindlich und immer guter Dinge. Dass er heftig stottert, hindert ihn nicht daran, laufend Scherze zu machen, auch wenn ihn niemand versteht. Es ist wie ein Spiel, alle lachen, und am lautesten er selbst. Er ist von kleinem Wuchs, dünn, vorgebeugt und vorgealtert. Er sucht gern den Kontakt zu Kindern, der aber nie über den Gartenzaun hinaus geht, was die Mütter dennoch zu merkwürdigen Mahnungen veranlasst. Erst kürzlich hat er sich ein hellgrünes Goggomobil zugelegt, ein Kleinstauto mit 13 PS. Der winzige Viersitzer parkt, für alle sichtbar, in seinem Gemüsegarten auf einer Anhöhe wie ein übergroßer Weißkohl.

Beim Abendbrot sorgt mein Vater für heftige Proteste, indem er meine Mutter auffordert, Ferdi wegen der Fahrt nach Köln um Hilfe zu bitten. Er sei ihr unheimlich, ein Gespräch darüber unmöglich. Die Vorstellung, mit Ferdi in seinem Autowinzling zu sitzen ... nein, alles, nur das nicht.

Mein Vater nimmt mich schließlich bei der Hand, geht mit mir drei Häuser weiter die Straße hinunter bis zu Ferdis Garten. Über seine Buschbohnen gebeugt lockert er mit der Hacke die Erde zwischen den Reihen. Vater erzählt von seinen Stangenbohnen, fackelt dann nicht lange, weist auf meine Backe, erklärt die Dringlichkeit, bietet Benzingeld an und Ferdi stimmt zu. An die lange Fahrt nach Köln erinnere ich mich kaum, und ich frage mich, wie Ferdi es geschafft hat, die rund sechzig Kilometer in die Großstadt zu bewältigen und pünktlich in der richtigen Klinik anzukommen. Meine Mutter kämpft währenddessen mit Übelkeit und starrt auf das Handtuch auf ihrem Schoß. Gepaart mit ihrem Widerwillen gegen Ferdi kann sie ihm kaum eine Hilfe gewesen sein.

Angekommen in der Klinik sehe ich zwischen Erinnerungslücken meine Mutter auf Anweisung hin den gekachelten Raum verlassen und mich auf dem OP-Tisch liegen. Umgeben von hellem Licht beugen sich Männerköpfe über mein Gesicht, es riecht stechend und fremd, etwas piekst. Dann finde ich mich wieder in Ferdis Auto, auf der Rückbank mit einer dicken Mullkompresse auf meiner rechten Backe, rundum fest mit Pflastern beklebt. Mein Gesicht fühlt sich steif und groß an.

Ferdi fährt vorsichtig, wie mit kullernden rohen Eiern auf jedem Sitz, und doch kann er es nicht verhindern. Ein Lastwagen, beladen mit grobem Kies, überholt uns. Ob Fahrtwind oder Fliehkraft, kleine Steine fliegen durch die Luft und landen auf der Windschutzscheibe und dem frischen Lack des neuen Goggomobils. Die Scheibe zerbricht, Mutter schreit, Glassplitter prasseln ins Auto. Ferdi steuert geistesgegenwärtig Richtung Straßenrand. Laut zeternd flieht Mutter zu mir auf die Rückbank. Ferdi entfernt die Scherben, pflückt sie gewissenhaft aus dem Frontscheibenrand und setzt die Fahrt fort.

Meine Mutter hat ihr Handtuch in der Hand. Für den Rest der Fahrt drückt sie es mir ins Gesicht. Am späten Abend kommen wir durchgekühlt und windzerzaust, aber heil zu Hause an.

Noch einige Zeit schlägt Ferdi sich danach mit der Kfz-Versicherung herum. Vater erkundigt sich, will ihm beistehen. Aber die Allianz zahlt. Was für ein Glück.

Erst viele Jahre später will ich wissen, was es denn auf sich hatte mit diesem Knubbel im Gesicht. Niemand hat eine Antwort. Meine Mutter hält es nicht mehr für bedeutsam. Es ist ja vorbei. Und unsere Hausärztin? Sie erinnert sich nicht.

Claudia Peter

Oma Fine

Hmm, Bollweck mit dick Butter
Hmm, wisse Riebe
Hmm, grie Grut

Ich erinnere mich
an unsern letzten Tag
den Kühlschrank vom Süßen geleert
gelauscht den Erzählungen aus vergangenen Tagen
nicht ahnend, das letzte Mal

Ich suche dich, ich sehe dich
das letzte Mal
liegend in unserem Bett
behütet vom Engel über dir

Menschen murmeln die Gebete
Schluchzen um dein Bett
Stille
und ich
verstehe nicht das letzte Mal

Du Fine, Versorgerin, Hüterin,
Bewacherin, Vertraute für mich
Durch deine Augen sehe ich die Welt

Die Tür geht auf
Menschen in Schwarz auf und ab
sie stehen, sie reden runter und rüber
sie reden aufeinander, sie reden ineinander
Die Tür geht zu

Menschen in Schwarz
rote Nägel, tränende Augen
Ein Grab voller Blumen

Oma nicht hier, nicht da
die geschäftige Mutter
die stille Trauer des Vaters
Nacht um Nacht trauert das Kind

Zeitleiste   1960 – 1970

Der Bau der Berliner Mauer am **13.8.61** ist ein Schock für das Selbstverständnis der Bundesrepublik. Aber der Ruf des regierenden Bürgermeisters von Berlin, Willy Brandt, nach dem Eingreifen der UNO und nach Repressionen gegen die DDR und Moskau verhallt.

Der **US-Präsident John F. Kennedy** sollte zwar an der Berliner Mauer von sich behaupten *„Ich bin ein Berliner",* aber er ist genauso wie der **sowjetische Parteichef Nikita Chruschtschow** für eine Politik der friedlichen Koexistenz.
Keiner will das Risiko eines Atomkriegs eingehen.
1963 im November wird J.F. Kennedy ermordet.

Konrad Adenauer und Frankreichs Präsident Charles de Gaulle unterzeichnen den **deutsch-französischen Freundschaftsvertrag.**

Schon zu Beginn der 60er Jahre hatte die Jugend ihre Elterngeneration aufgefordert, sich mit der Nazivergangenheit auseinanderzusetzen. Mit Berichten von Zeitzeugen in den Auschwitz-Prozessen begann 1963 in Frankfurt die juristische Aufarbeitung.

Trotz beharrender Kräfte, die überkommene Traditionen und Werte verteidigen, wird ein **starker Veränderungswille** bemerkbar. Gestärkt von der wieder aufblühenden Wirtschaft nach einer Konjunkturkrise in den Jahren 1966/67 **wächst die Kritik an einem zu starken Staat und den traditionellen Zwängen.**

Die junge Generation ist an die errungenen ökonomischen Standards gewöhnt und nicht mehr bereit, sich den öffentlichen Autoritäten in Schulen und Universitäten mit ihren starren, veralteten Methoden und Ansichten gehorsam unterzuordnen.

Die Studenten zwingen die Professoren dazu, über ihre Forderungen zu diskutieren *(„Unter den Talaren der Muff von 1000 Jahren")*, sie verhindern oder stören Vorlesungen durch Besetzung von Räumen.

In **Demonstrationen protestieren sie gegen** die Macht vor allem der Reichen und Besitzenden und prangern an, dass das „Establishment" auf Kosten der Ärmeren lebe.

Die **außerparlamentarische Opposition, die APO,** mit ihrem Wortführer **Rudi Dutschke** entsteht.

Durch die Medien wie Radio und Fernsehen gut informiert, blickt man über den eigenen Tellerrand auch auf die Entwicklung in der globalen Welt.

Im Ostblock ringen China mit Mao und die Sowjetunion um die Führung in der kommunistischen Welt.

Die amerikanische Bürgerrechtsbewegung mit Dr. Martin Luther King *(„I have a dream")*, der **Krieg der Amerikaner in Vietnam,** der Kampf gegen das **überalterte Bildungssystem** an den Universitäten – all diese Inhalte finden Widerhall bei den deutschen Studenten in ihrer **Kritik an dem westlichen Imperialismus** und daran, dass die ärmeren Länder durch den Handel benachteiligt werden.

Die oppositionellen Gruppen wehren sich **gegen den Bau der ersten Atomkraftwerke** und kritisieren lautstark, dass zu wenig für die Umwelt und den Erhalt der Natur getan wird. Das Buch der **Biologin Rachel Carson** *„Der stumme Frühling" (1962)* mit ihrer Beschreibung des ökologischen Gleichgewichts und einer fiktiven reichen Kleinstadt, deren

Einwohner nach dem Einsatz von Pestiziden erkranken und jämmerlich zugrunde gehen, wird als **Ausgangspunkt der Umweltbewegung** gesehen.

1967 wird der Student **Benno Ohnesorg** bei Demonstrationen gegen den Schahbesuch in Berlin erschossen. **1968** lädt der sozialistische Studentenbund (SDS) zu einem Kongress gegen den Vietnamkrieg ein. 12000 Demonstranten fordern in der Abschlusskundgebung die Amerikaner auf, den Krieg in Vietnam zu beenden. **Die Springer-Presse heizt die Stimmung gegen die APO** an. **1968** wird von einem Rechtsradikalen **auf Rudi Dutschke geschossen** und er wird schwer verletzt.

Mit der **antiautoritären Erziehung erhofft die 68er Generation,** zukünftig den Nährboden für die Entstehung autoritärer Charaktere und für einen Faschismus zu entziehen.
Sie bezieht sich auf den Psychoanalytiker **Wilhelm Reich,** der schon in den 30er Jahren eine patriarchalische und sexualfeindliche Erziehung kritisiert hatte. Sein Schüler S. Neill wird mit seinen konkreten Erziehungsideen in der Schule **Summerhill** zum Modell.
Den gesellschaftskritischen Hintergrund bildet **die Frankfurter Schule** – eine Gruppe von Philosophen und Wissenschaftlern – mit Max Horkheimer, Erich Fromm, Herbert Marcuse, TH. Adorno und J. Habermas.
Praktiziert wird die antiautoritäre Erziehung vor allem in den selbstverwalteten **„Kinderläden"** der Uni-Städte. Mit ihren Ideen wird sie jedoch fester Bestandteil der öffentlichen Diskussion über ein neues Erziehungsideal.

Die **erste politisch motivierte Wohngemeinschaft „Kommune 1"** in Berlin wird gegründet. Das Ziel der Kommune 1 ist es, eine neue Gesellschaftsform an sich selbst auszuprobieren und sich wegzubewegen von der **bürgerlichen Kleinfamilie mit ihren Besitzansprüchen und ihrer repressiven Sexualmoral**.

Man benutzt die Presse, um offen über **bis dahin tabuisierte Themen**, über Liebesbeziehungen und frei gelebte Sexualität zu reden. Das hatte es vorher noch nie gegeben.

Die **Hippie-Bewegung** tritt ebenfalls für die Befreiung von gesellschaftlichen Zwängen und Tabus ein und propagiert ein Leben in Kommunen. Ihnen geht es stärker um die **Selbstverwirklichung jedes Einzelnen,** um Frieden, Gleichheit. Das Ideal ist, Sexualität nicht länger zu tabuisieren, sondern frei auszuleben. Der Konsum von Cannabis und bewusstseinsverändernden Drogen (LSD) gehört dazu.

Mit Jimi Hendrix, The Who, Janis Joplin, Joan Baez und vielen anderen ist das **Woodstock-Festival** im **August 69** der Höhepunkt der „Flower Power"-Bewegung.

Das neue Lebensgefühl der jungen Generation ist sehr mit der **Musik** verbunden. Die **Beatles** stürmen seit 1963 den breiten Markt und markieren auch mit ihren **langen Haaren** als Regelverstoß einen deutlichen Wechsel in Stil und Geschmack.

Der **Minirock** von Mary Quant aus London wird zu einer Ikone der Abkehr von einer konservativen Moral.

Bis Mitte der 60er Jahre werden für viele Wirtschaftsbereiche **Gastarbeiter** angeworben. Die meisten kommen aus Italien, viele aus der Türkei, Griechenland, Jugoslawien und Portugal.

Italien ist als Urlaubsland preisgünstig mit dem Auto zu erreichen und wird – nun auch für den Normalbürger erschwinglich – das **beliebteste ausländische Reiseziel.**

1969 bringt das Ende der „Adenauer-Ära", die 1949 begann und auch die Kanzlerschaft Erhards ab 1963 überdauert hatte. CDU/CSU verlieren nun die absolute Mehrheit.

Seit dem „Godesberger Programm" der SPD, mit dem sie sich von einer linken Arbeiterpartei zu einer Volkspartei entwickelte, wird sie eine reale Alternative mit großem Stimmenzuwachs.

Die Bildung der sozial-liberalen Koalition 1969 bringt eine noch stärkere Eingliederung der Bundesrepublik – politisch und wirtschaftlich – nach Westeuropa.

Willy Brandt wird Bundeskanzler. Er verfolgt eine Ostpolitik mit der These *„von der Existenz zweier deutscher Staaten in einer Nation"*.

Der Amerikaner Neil Armstrong betritt **1969** als **erster Mensch den Mond**.

Christel Kiefer

Der erste Tag in der neuen Schule – Sommer 1960 in der Eifel

Wir sollten erst in der großen Pause kommen. Mein Vater brachte meinen Bruder und mich mit dem Auto hin.

Auf dem Schulhof spielten die Kinder Völkerball. Mitten durch das Spielfeld, das fast den ganzen Schulhof ausfüllte, kam uns der Herr Lehrer entgegen.

Die Kinder unterbrachen das Spiel, und alle schauten uns an. Ich merkte, wie ich rot wurde. Mein Vater und der Herr Lehrer reichten sich die Hände, und wir gingen gemeinsam, wieder mitten durch das Spielfeld, in das Schulgebäude.

Es war so klein wie ein Einfamilienhaus. Das sollte die Schule sein? Es ging durch einen kleinen Flur, in dem an einer Seite ein Brett mit Kleiderhaken hing, links eine Tür war und rechts eine Treppe, die abwärts führte. Daneben gab es noch eine zweite Tür.

Wir gingen durch die Tür nahe der Treppe. Sie führte in einen Klassenraum. An den langen Seiten waren zwei Tischreihen, vorne rechts gab es eine Tafel und das Lehrerpult.

Dann hörte ich meinen Vater sagen: „Das Mädchen ist 10, heißt Christel und ist in der 5. Klasse. Der Junge ist 7, heißt Hans und ist in der 2. Klasse". Anschließend sagte er noch, dass er es eilig habe, denn er müsse zurück ins Geschäft. Er verschwand, und Hans und ich standen da.

Draußen erklang eine Glocke, die Tür ging auf, Kinder kamen herein und setzten sich hin. Der Herr Lehrer sagte, dass wir Hans und Christel heißen und dass unsere Eltern das neue Hotel-Restaurant am Ortsausgang eröffnet hätten und dass wir aus Aachen kämen – aus der Stadt. Er wies Hans einen Platz ziemlich vorne in der Tischreihe an der Fensterseite zu. „Und nun zu dir"! – mit einer Handbewegung zur Türseite. Ich eilte voraus und drückte schon die Klinke herunter, als er fragte: „Wo willst du denn hin?" „In meine Klasse", antwortete ich, und alle Kinder lachten. Mir war gar nicht aufgefallen, dass an der einen Tischreihe nur Jungen und an der anderen nur Mädchen saßen und dass sie offenbar verschieden alt waren.

Es war nicht die letzte Blamage an diesem Tag.

Weil in der Mädchenreihe kein Platz mehr frei war, wurde die Tischreihe in zwei Blöcke geteilt: 2.–4. Schuljahr und 5.–8. Schuljahr. Ich bekam den Platz im Zwischenraum. Drehte ich mich zur Tafel, hatte ich die anderen Mädchen im Rücken, drehte ich mich zu den Mädchen, war es der Lehrer und die Tafel.

Als Nächstes kündigte der Lehrer für das 5. Schuljahr – mit mir jetzt drei Mädchen und zwei Jungen – ein Diktat an. Er klappte die Tafel auf, besprach den Text mit allen Besonderheiten und Satzzeichen und stellte dazu Fragen. Ich wusste die Antworten und zeigte auf.

Er nahm mich dran, ich stand auf und antwortete. Diesmal lachte er mit den Kindern gemeinsam.

Dann sagte er: „Christel, du brauchst hier nicht aufzuzeigen, du kannst einfach sprechen, wenn du die Antwort weißt, und aufstehen brauchst du dabei auch nicht." Gefühlt brauchte ich dafür Monate – der alte Drill aus der Stadt-Schule war noch länger wirksam.

Diktat, was daran war jetzt noch ein Diktat? Die Tafel wurde zugeklappt, der Lehrer diktierte den Text, wir schrieben, und als wir fertig waren, fragte ich mich, wie man denn jetzt noch Fehler machen konnte.

Die Hefte wurden getauscht, Rotstifte ausgeteilt, und wir sollten die Arbeit der Mitschülerin prüfen. Ihr Name war Maria, sie hatte feuerrote Haare und ihr Gesicht war voller Sommersprossen. Sie konnte Fehler machen – und nicht nur wenige – nein, viele! Ich war die Einzige mit 0 Fehlern. Der Lehrer prüfte mein „Diktat" noch einmal selbst und lobte mich über den grünen Klee. Was für eine Blamage!

Und dann kam für die letzte Stunde der Herr Pastor. Hans durfte schon nach Hause, er hatte an einem anderen Tag Religion mit „den Kleinen".

Der Herr Pastor war ein großer, schlanker Mann mit einem hageren, sehr blassen Gesicht und vorstehenden Wangenknochen. Er sah alt und krank aus, war ganz in Schwarz gekleidet und trug eine seltsame schwarze Kopfbedeckung, die er die ganze Stunde aufbehielt.

In einem strengen Ton sagte er zu mir: „Steh auf!" Er betrachtete mich von Kopf bis Fuß und fragte: „Wie heißt du?" Schon etwas ängstlich antwortete ich: „Ich heiße Christel." „Christel, und wie weiter?" „Christel de Clercq", antwortete ich. „Wie?" – „de Clercq", sagte ich. „Wie schreibt man das? Kannst du das buchstabieren?" Ja, ich konnte: „Kleines d, e und dann großes C, l, e, r, c, q ohne u." Und wieder lachten die anderen Kinder. Einige äfften mich nach: „q ohne u", spotteten sie und lachten. „Bist du dir sicher", fragte der Herr Pastor – „ein Name, der mit einem kleinen Buchstaben anfängt?" Ich war mir sicher!

Das war noch nicht alles! Ich durfte mich setzen. Dabei rutschte mein Kleid etwas hoch, bis knapp über die Knie. Meine Mutter hatte darauf bestanden, dass ich zum Anfang in der neuen Schule ein Kleid anziehe, ich sollte aussehen wie ein „ordentliches Mädchen". Der Herr Pastor forderte mich auf, meine Strickjacke auszuziehen und sie über meine „unschamhaften Beine" zu legen.

Es war Sommer, mein Kleid war ärmellos. Deshalb sollte ich mir die Jacke von Maria ausleihen. Maria zog ihre Stirn zusammen, kräuselte ihre Nase, ihre Augen wurden kleiner. Doch dann gab sie mir ihre Jacke, die nach Kuhstall stank. Ich zog sie langsam an, sie kratzte. Der Herr Pastor – dieser Mann – sollte der Vertreter vom lieben Gott auf Erden sein? Das konnte ich mir nicht mehr vorstellen. Der Rest der Stunde rauschte an mir vorbei.

Als ich mittags nach Hause kam, war meine erste Frage:

„Was ist mit meinen Beinen nicht in Ordnung?"

Christel Kiefer

Schützenfest in der Eifel

Es ist etwas Spannendes, in einem Dorf aufzuwachsen – besonders, wenn du aus der Stadt kommst.
Alle Kinder schauen dich misstrauisch an, und es dauert lange, sehr lange, bis sie dich akzeptieren.
Was du tun musst, um das zu erreichen?

Du musst mutig sein,
Ausdauer haben,
klettern können,
Heu wenden können,
Kartoffeln ausmachen,
durch Brennnesseln gehen – ohne dich zu verbrennen,
ein Sonntagskleid tragen (natürlich nur sonntags!)
und vor allem: die neue Sprachmelodie erlernen – nein, beherrschen!

Wenn du das alles kannst, wird den anderen Kindern immer noch was einfallen, was du tun musst, um dazuzugehören.

Eine sehr geeignete Methode ist es, dich mit dem stärksten Jungen anzulegen und diesen – wenn es dir an Kraft fehlt – zu überlisten. Das wirkt!

Wann du weißt, ob du es geschafft hast?

Ganz einfach – wenn du eines der Kinder bist, die beim Schützenfest auf der langen Bank sitzen.

Chris Kilian-Hütten

Die Hände meiner Mutter

Die Hände meiner Mutter haben mich bis ans Ende gerührt.

Es waren zupackende Hände mit breitem Handrücken und kräftigen Fingern.

Die Nägel schnitt sie immer mit unserer riesigen Paketschere. „Keiner hat so harte Nägel wie ich!" Ich hatte es einmal versucht und sah die Schere schon abrutschen.

In den Fingernägeln waren Längsrillen, solange ich denken kann, und später, als sie die letzten Jahre bei uns lebte, hatte sie es geschafft, dass die Halbmonde zu sehen waren.

Sie streckte die Hände vor mir aus und wartete auf meine Bewunderung. Verblüfft schaute ich auf ihre Nägel und dann auf meine.

Weich und zart waren ihre Hände jetzt. Eine Verdickung oberhalb des rechten Handgelenks. Genau wie bei mir seit einiger Zeit.

Gutmütig und rührend sahen sie aus. Einfach, nichts beschönigend. Würdevoll.

Gutmütig war meine Mutter schon immer. Ich kann mich an keine einzige abwertende Bemerkung mir gegenüber erinnern, und die eine Ohrfeige, die sie mir gab mit zwölf, war so unerwartet und ungewohnt, dass ich sie einfach wegsteckte. Vielleicht war ich zu weit gegangen, als ich ihr vorwarf, immer nur den Kopf einzuziehen und ein „Gesicht" zu machen. Ich konnte das „Gesicht" auf den Tod nicht leiden. Alle Freude war daraus gewichen und es war, als zögen kleine Gewichte ihre Augenlider, Wangen und Mundwinkel herunter.

Oft verkrampften sich dann auch ihre Finger, wurden ganz weiß und vorne an den Fingerkuppen blau. Bald schmerzten sie – wie wenn man bei Eis und Frost keine Handschuhe anhatte und danach an den warmen Ofen tritt.

Meine Mutter wurde als ganz junge Frau von einem Granatsplitter getroffen. Alles schien ruhig. Die Einschläge weiter weg. Schnell mal rüber zu Käthchen.

„Oh nein! Du armes Kind!", schrie die Nachbarin, als sie dann meine Mutter erblickte. Die Augen weit aufgerissen. Es musste etwas Schreckliches passiert sein!

Dann erst spürte sie den Schmerz. Dann erst sah sie das Blut, das ihr aus dem Gesicht auf ihre Schürze tropfte.

Seitdem hatte meine Mutter eine Narbe am rechten Mundwinkel, groß und rund. Die Haut muss völlig zerfetzt gewesen sein, denn von der wulstigen Stelle in der Mitte aus zogen sich später ganz viele dünne Narbenstränge nach außen. Wie bei einer Spinne.

Als Kind konnte ich die Narbe nie berühren, ohne dass mir ein Schauder durch den ganzen Körper fuhr.

Als auf einmal dann doch Gelder da waren für Kriegsopfer und meine Mutter sich einer kosmetischen Operation unterziehen konnte, fragte sie mich: „Was denkst du? Soll ich das tun? Dann ist die Narbe weg!" Ich sah meine Mutter an und Angst packte mich. So als drohte ich etwas zu verlieren, was mir bisher lieb und teuer war. Nichts, aber auch gar nichts wollte ich an diesem Gesicht anders haben!

Wenn meine Mutter von einem körperlichen Merkmal einer Person im Fernsehen in Bann gezogen wurde, forderte sie immer mit einem Gemisch aus Anklage und Empörung meine Parteinahme. „Guck dir die an! Sieht die nicht schrecklich aus!" Klar hatte ich auch die dominierende Nase oder den ausladenden Unterkiefer gesehen. Auch das aufgedunsene Gesicht oder die enorme Leibesfülle waren mir nicht entgangen.

Ich konnte sehen, dass die meisten unverschuldet ihre Besonderheit trugen, und manchmal hatte ich sogar eine Spur Mitleid mit ihnen. Aber etwas in dem Tonfall meiner Mutter hinderte mich daran, die Frau oder den Mann in Schutz zu nehmen. Und so wand ich mich nur etwas, wenn sie wieder und wieder meine Zustimmung forderte: „Ja, ja, aber was regst du dich so auf!"

Wie glatt und in Stolz ruhend konnte ihr Gesicht aussehen! Egal ob ich mich als kleines Mädchen vor ihr drehte und zu den Liedern aus dem Radio tanzte oder ob ich ihr erzählte, was ich alles gemacht hatte in der Schule.

Mit elf hatte ich längst raus, dass ich mit meinen Erzählungen eine Wirkung hatte und oft – nach einem Blick auf ihre Miene – fing ich von selbst an: Wie ich immer aufgezeigt hatte, obwohl ich in der letzten Bank saß; wie mich der Lateinlehrer ausgesucht hatte, die Vokabeln an die Tafel zu schreiben; wie die Deutschlehrerin meinen Aufsatz vorgelesen hatte.

Es war nicht so, dass ich keine Angst gehabt hätte vor der Schule. Jeden Mittag machte ich kurz halt in der Kapelle der Basilika und betete mit gefalteten Händen, dass die Klassenarbeit geklappt hatte oder in der Übungsarbeit kein Fehler wäre und dass ich es bloß schaffte!

Nur erzählte ich davon nichts.

Meine Mutter hörte mich am frühen Abend Lateinvokabeln ab. Fast täglich. Ich aß dabei Apfelstücke oder kaute Kaugummi und wälzte mich auf dem Sofa. Sie gab mir das Gefühl, gemeinsam mit mir hinter den Vokabeln her zu sein, und bald konnte ich wie aus der Pistole geschossen parieren. Die zwei, drei, die mir am Anfang einfach nie einfallen wollten, hatte ich – mit ihr an meiner Seite – am Ende eingefangen.

Sie hatte dafür gesorgt, dass ich ein paarmal in der Woche zu einem großen Mädchen aus der Nachbarschaft ging. Beate war in der Oberprima. Sie sprach mit mir über die Lehrer und die ganzen Fächer. Mir war alles etwas fremd und ich war sehr beeindruckt.

Eigentlich brauchte sie mir nichts zu erklären, aber ich mochte diese Treffen!

Beate hatte die ganzen Schuljahre fast hinter sich. Sie war guter Dinge und wenn sie wieder mal einen Lehrer mit seinen Marotten etwas übertrieben nachmachte, musste ich lachen und ich wünschte, ich wäre so wie sie.

Beate wusste auch sehr genau, wie man sich von bestimmten Fächern wie Latein, Mathe und Bio nicht ins Bockshorn jagen ließ. Sie schien eine Taktik entwickelt zu haben, sich einfach nicht bluffen zu lassen von dem was neu war und im ersten Moment nicht zu verstehen.

Während wir so über dies oder über den alten Biolehrer in seinem schlotternden Anzug sprachen, fühlte ich mich immer leichter. Durch diese Schule konnte man kommen! Das sah man an Beate!

Meine Hände waren etwas schmaler, konnten aber genauso zupacken wie die meiner Mutter. Sicher wollten meine von sich aus mehr gestalten und hielten sich nicht so zurück.

In der vierten Klasse war ich erschüttert, als es hieß, dass Waltraud aus der Nachbarschaft sitzenbleiben sollte. Ich lud sie nach Hause ein und ging die Aufgaben der letzten Rechenarbeit noch einmal ganz langsam mit ihr durch. Waltraud hatte eine Stupsnase mit Sommersprossen, trug einen Pferdeschwanz, und auf der Stirn kräuselten sich ganz kleine Löckchen. Sie lachte, als wir Schule spielten, und zwischendurch fragte ich mich, ob sie jetzt nur so tat oder ob sie es wirklich einfach nicht verstand.

Als Kind hieß es immer über mich: „Sie weiß, was sie will."

Als wären meine Hände immer zielstrebig zugange und als könnte man schwer was dagegen tun oder sei ihnen sogar ausgeliefert!

Ich fand die Zeit auch anstrengend. Alles selbst zu erobern, für mich gangbar zu machen. Zu entscheiden, zu wissen, was ich tun sollte. Ich setzte mir selbst Zeiten, wann ich zu Hause sein musste und legte später genau fest, bis wohin die Liebkosungen gehen durften.

Selten konnte ich mich als Erwachsene über einen Rat, dies oder jenes zu tun, empören. Ich fand es meist ungewohnt, fast ein wenig witzig, dass ich jemanden so beschäftigte. Entweder übernahm ich es dann oder ich richtete mich nicht danach.

Mir lag nichts daran, mich untadelig zu verhalten, um gemocht zu werden. „Brav" hätte zu meiner Mutter gepasst. Mich interessierte dieses Wort nicht.

Gemocht werden wollte ich schon. Etwas zu bekommen, ohne sich das erst verdient zu haben, dabei werde ich schwach.

Meine Mutter war stolz auf ihre Geduld. Monate vor ihrem Tod schärfte sie uns ein: „Sagt: Sie war uns ein Vorbild an großem Verständnis und unendlicher Geduld!"

Sie sagte den Satz häufiger laut vor sich hin, so als wollte sie prüfen, ob er noch stimmte.

Der Satz passt nicht zu mir. Vieles nehme ich so schnell nicht geduldig hin. Meine Mutter wäre auch nicht in die schmerzlichen Situationen gekommen, in die ich immer wieder gerate.

Wo ich einfach zu schnell tue, zu viel tue, zu weit gehe. Dem anderen es schwer mache, seinen Raum in aller Ruhe abzuschreiten und einzunehmen.

„Dann immer noch geliebt zu werden, das wäre ein Traum!"

Als ich das meiner Freundin sage, ist meine Stimme ganz dünn.

„Quatsch!", sagt meine weise Freundin. „Erinnere dich doch bloß an die Zigarettenkippen!"

Wir hatten unseren Sohn besucht, der in LA studierte und in einer Männer-WG untergekommen war. Ich war nicht mitgegangen über den Campus, sondern hatte mich auf die Couch gelegt. Beim Schließen meiner Augen fiel mein Blick auf den Terrassenboden. Ich riss sie wieder auf. Wie ein Teppich lagen dort Zigarettenkippen. 100? 200? 300?

Ich fand einen Besen, fegte die ganzen Kippen zusammen, benutzte die Längsseite vom Bierdeckelkarton als Schaufel und legte mich zurück aufs Sofa.

Nach drei Minuten stand ich wieder auf, zog den Mülleimer hervor und verteilte sämtliche Kippen fein säuberlich wieder auf dem ganzen Terrassenboden.

„Siehst du! Du hast es im Gefühl! Du brauchst nicht Neues zu lernen!

Nimm doch einfach etwas von der unendlichen Geduld deiner Mutter, dann ist das eine Sehnsucht, die du selbst erfüllen kannst!"

Chris Kilian-Hütten

En Allemagne, il y a aussi ...?

Ich war 16, als ich meine französische Brieffreundin in Besançon besuchte. Ich hatte seit drei Jahren etwa alle paar Monate einen Brief ausgetauscht, in dem ich fragte, wie es ihr ginge und meinerseits bestätigte, dass es mir gut ginge und meinen Eltern auch. Regelmäßig fügte ich die Hoffnung hinzu, dass es in den nächsten Tagen besseres Wetter gäbe. Dann klebte ich das Kuvert zu, frankierte den Brief und legte ihn zu dem Stapel, der zur Post musste. Ich hatte auch eine Brieffreundin in Glasgow und eine Finnin in Tampere.

Charlotte hatte mich eingeladen, sie in den Sommerferien zu besuchen. Ihre junge Tante und ihr Mann hätten Zeit, mir etwas die Gegend zu zeigen. Ich hatte mir im Diercke Atlas genau angesehen, wo Besançon lag und war mit dem Zeigefinger die Luftlinie von Prüm über Trier, Metz, Nancy, Langres bis Besançon gefahren. Am Schalter des kleinen Bahnhofs versuchte man mir erst eine Fahrkarte über Köln, Karlsruhe, Mühlhausen und Belfort anzudrehen. Dabei war das ein Umweg, das konnte doch jeder sehen, und außerdem viel teurer. Da hätte ich von der Arbeit bei Förster Blümke nicht mehr viel übrig.

Am Ende hatte ich eine Route, ich musste fünfmal umsteigen, hatte auch mal einen Triebwagen dabei, brauchte aber nie länger als eine halbe Stunde auf den Anschlusszug zu warten, und wenn ich um 6 Uhr 10 losfuhr, war ich um 20 Uhr 30 am Ziel. Besançon liegt etwas östlich auf der Höhe von Dijon mitten in Frankreich.

Der Vater und Charlotte, mein Gott wie kindlich sie aussah und wie bieder, holten mich ab. Obwohl es so spät war, servierte die Mutter von Charlotte ein perfektes Menü. Es gab vier Gänge, Suppe, Salat, Fleisch mit Kartoffeln und Soße und dünne grüne Bohnen mit Zwiebeln.

Charlottes Vater hatte ein breites Gesicht mit roten Backen. Seine Haare zogen sich wie ein verrutschter Kranz von den Schläfen über den Hinterkopf. Seine Stirn glänzte wie poliert. Ihm schmeckte es. Er lutschte die

Hähnchenknochen ab, schmatzte laut und schnalzte mit der Zunge und sah mich mit offenen Augen an.

„En Allemagne, il y a aussi …?", begann er dann Fragen an mich zu stellen. Ob wir auch solches Essen haben und tupfte sich mit der Serviette etwas Fett aus dem Mundwinkel, oder ob wir einen Fernseher zu Hause hätten, und wie viele Tage in der Woche die Leute zur Arbeit gehen, und wer unser Präsident sei. – Adenauer erinnerte er, aber den Namen des jetzigen habe er vergessen.

Mir war sofort klar, dass er den Namen unseres Kanzlers wissen wollte. „Comment?", fragte er nach und hielt die rechte Hand hinter seine Ohrmuschel. „E r h a r d!", wiederholte ich langsam und formte meinen Mund dabei überdeutlich. „Ah oui: Erhard!", wiederholte er. Aber irgendwie hatte ich das Gefühl, als sei ihm der Name nicht geläufig.

Die Mutter von Charlotte hatte eine hohe Kopfstimme, so wie meine Klassenkameradin Margret, und glich ihr auch im Aussehen – so dünn und knochig, wie sie war. Sie deckte die Teller auf und ab, und auf der Anrichte war im Nu alles wieder blank.

„En Allemagne, il y a aussi du yogourt?", fragte sie und hielt mir auf einem Tablett eine Reihe von Bechern hin. „Nein!" Einen köstlicheren Nachtisch hatte ich noch nie gegessen! Frisch nach Erdbeeren schmeckend und tausendmal sanfter als Quark.

Ob mein Vater auch im Krieg gewesen sei, fragte der Vater von Charlotte und zog mit seinen Daumen seine Hosenträger etwas nach vorne. Ich konnte das bejahen.

Aber um zu beschreiben, dass er nicht in den Krieg hat gehen wollen, er lange Zeit versucht hatte, die Einberufung zu vermeiden und dass er dann verwundet wurde – um das deutlich zu machen, musste ich stark gestikulieren. „Nach dem Schuss in den Oberschenkel waren die Knochen dort nur noch Trümmer!"

In den Augen von Charlottes Vater regte sich nichts.

Als ich erklären wollte, dass er im Liegen von seinem Feldbett aus gedroht hatte, nach jedem mit dem eisernen Nachtschränkchen zu werfen, der es auch nur wagte, ihn anzufassen, um sein Bein zu amputieren, da merkte ich an dem Gesicht von Charlottes Vater, dass auch meine Pantomime nicht ausreichte. Er verstand mich nicht.

Es hatte keinen Sinn, ihm zu erzählen, wie stolz ich auf den Willen und die Zähigkeit meines Vaters war. Was hieß „Willen" auf Französisch, und wie war das Wort für „Zähigkeit"?

Warum der Durchschuss verheilt war, er sich aber durch die 36 Wochen im Streckverband eine Versteifung seines Knies eingehandelt hatte, behielt ich auch für mich. Auch dass mein Vater 29 Jahre alt war, als das passierte und er um Haaresbreite meiner Mutter keine Kinder hatte machen können.

Ich hätte ihm noch davon erzählen können, dass meine Großmutter sich fast umgebracht hatte, als sie die Zwillinge Heini und Gregor – mit 16 Jahren doch noch Kinder – einfach holen kamen und nach Frankreich schickten in den Westfeldzug. Und dass keiner ahnen konnte, dass Heini sich in Marlen verliebte und ganz in Frankreich blieb.

Mein Französisch war einfach zu miserabel.

Charlottes Vater nickte langsam mit dem Kopf. Seine Backen schienen noch etwas mehr Farbe bekommen zu haben, und die Mutter von Charlotte fragte – ich glaube – nach der Schule und was man in Deutschland in meinem Alter alles durfte und was verboten war.

Sie hatten mir ein Zimmer parat gemacht mit einem dunklen Holzbett und einem verschnörkelten Mahagoni-Schrank. Es lag in der 1. Etage. Und von dem kleinen Flur gingen die anderen Schlafzimmer ab. Ich war so müde von dem ganzen Tag, dass ich mich lieber schlafen legte, als noch fernzusehen.

Ich wurde geweckt von einem rhythmischen Quietschen und öffnete leise meine Tür. Das Geräusch kam aus dem Zimmer von Charlottes Eltern. Nach einer Pause kam das Quietschen wieder und gleichzeitig ein leises Klatschen in einem regelmäßigen Rhythmus, der anschwoll und anhielt und einsetzte und schneller wurde. Dann Stille und tiefes Stöhnen. Unfassbar! Mir war sofort alles klar, obwohl ich so etwas, ich schwöre, noch nie gehört hatte.

Am nächsten Abend wiederholte sich das Ganze und am übernächsten Tag und danach und danach auch.

Jeden Abend bestieg dieser Mann seine Frau. Es war immer ähnlich, aber manchmal konnte man ihr Atmen hören und ihre Stimme wie einen dünnen Faden. Er tat es so wie er jeden Tag aß. Selbstverständlich. Alltagskost. Nicht in der Annahme, jeder Tag wäre ein Festtag.

Ich war geschockt über die fehlende Verheimlichung und fasziniert von der selbstverständlichen Art, wie dieser Mann seinen Tag beendete und seinem Körper zu seinem gewohnten Wohlgefühl verhalf.

Chris Kilian-Hütten

Darüber spricht man nicht

Die Mühe hätte er sich sparen können! Zum zweiten Mal schon ließ mich Herr Bau das Gedicht vorlesen, immer im Wechsel mit Renate, die das „c h" fein herausbekam und sich auch sonst hörbar bemühte. Für mich stand fest, ich werde an diesem großen Festtag der Schule kein Gedicht vortragen. Ich werde nicht auf der Bühne stehen und den fünfzigsten oder hundertsten Jahrestag dieser verstaubten Schule feierlich mitgestalten. Mich interessiert auch nicht, als Vorleserin auf diese Schallplatte zu kommen. Wer, bitte, soll sich so einen Schrott noch einmal anhören.

Ich werde an diesem feierlichen Dienstag mit dem Borgward meines Vaters fein die 100 km nach Köln juckeln und dort Paul aus Paris treffen!

„Lies bitte noch einmal", nickt mir der Bau zu.

Ich lese, wie ich immer lese, ohne Fisimatenten. Ich habe keine vornehme Stimme, die die Laute vorne im Mund bildet. Meine Töne kommen tiefer aus dem Hals, eher aus dem Brustraum. Genau dort sitzt meine Stimme. Und mein „c h" ist eher ein „s c h".

„Es hört sich so an, als sei der Text von dir", sagt Monika, die ich sehr mag. „Vielleicht will er deshalb, dass du liest."

Der Mann gibt auch keine Ruhe, als ich ihm erkläre, ich fühlte mich unwohl bei der Vorstellung, vor so vielen Leuten zu sprechen, und schickt mich zum Direktor. Herr Klempner ist ein scharfer Hund und er bringt einen schnell zum Schlottern. Ich schmücke meine Angstsymptome gewaltig aus und finde meine Situation herrlich pervers. Was will der Typ schon machen? Kann gut sein, dass ihn das Blitzen in meinen Augen und mein detailliertes Schildern der möglichen Panikattacke coram publico irritierte. Beruhigt bekam er mich selbstverständlich nicht. Und riskieren wollte er auch nichts.

Paul wollte mich sehen! Unmöglich hätte ich ihn in dieses Kaff einladen können. Das wäre was gewesen! Er studierte Philosophie und bewegte sich in einer Stadt, deren Name soviel weltstädtische, laszive und verbotene Bilder in einem wachrief, dass man allein schon beim Klang dahinschmelzen konnte.

Köln, das würde gehen, und am Abend würden wir nach Düsseldorf fahren. Da war am Samstagabend immer die Hölle los. Kneipe an Kneipe mit fetziger Soulmusik, aus denen die verrücktesten Leute auf den Bürgersteig quellen, lachen, kreischen und sich um nichts scheren.

Ich hatte Paul im Sommer in Südfrankreich in einem internationalen Feriencamp für Jugendliche kennengelernt.

Er war einer der französischen Betreuer und hatte die 68er Gruppe geleitet. Dabei hatte er von den Demos in Paris erzählt und von den Straßenschlachten der Studenten mit der Polizei.

Klar hatte ich auch die Studentenunruhen im Fernsehen verfolgt und mir Anarcho-Filme von Otto Mühl in Köln angesehen, pah – waren die eklig, und ich hatte zugeguckt, als der Actionkünstler bei der Ausstellungseröffnung sich in aller Seelenruhe völlig nackt auszog, um das Publikum mit seiner eigenen Prüderie zu konfrontieren.

Aber aus meinem Alltag konnte ich nur die Story erzählen, wie Gerd unseren Klassenlehrer zur Weißglut brachte, allein dadurch, dass er in sehr ruhigem und selbstbewusstem Ton penetrant behauptete, dessen Interpretation der Kurzgeschichte beruhe auf einem rein bürgerlichen Wertesystem.

In dem Jugendcamp wurde um 22 Uhr das Tor geschlossen, und um 23 Uhr ging in den Schlafsälen das Licht aus. Keine Ahnung, ob Paul eine offizielle Erlaubnis dafür hatte – aber mich lieferte er immer mit seiner Taschenlampe irgendwann nachts vor meinem Schlafsaal ab.

Und bis dahin saßen wir entweder mit den anderen Betreuern und ihren Freundinnen im Mondlicht auf den Felsen am Strand, ließen die Wellen hoch bis zu unseren Füßen kommen, oder diskutierten über die ideale Gesellschaft und zogen über autoritäre Säcke her. Paul legte dabei seine Arme über meine Schultern oder um meine Hüfte. Und in den Gesprächspausen beugte er sich über mein Gesicht. Seine Bartstoppeln kratzten, aber seine Lippen waren wie samtene Kissen.

An den anderen Abenden fuhren wir immer in irgendeine Disko zum Tanzen.

Wie ich das hasste!

Im Grunde verbrachte ich in meinem normalen Alltag mehr Zeit mit Warten, als zu leben. Die Tage waren ein mehliger, aufgedunsener Wurm, der unförmig quoll und kroch wie in Zeitlupe. Wie lange noch bis zum Wochenende? Bis zu den Ferien? Bis zum Studium?

Hier in Frankreich vergeudeten wir keinen Abend. Ich liebte es, wenn die Wärme einem noch spät in den Knochen hing, jedes Wort lästig wurde und es nur noch diese Musik gab und die Lust, sich dazu zu bewegen.

Paul war stämmig und fest. Mein Körper so zart, wenn er mich hielt, und ich zerfloss schon bei der ersten kleinen Berührung. Wir tanzten fast alle Stücke in diesem langsamen Blues-Schritt. Hier, zwischen Paul und mir, war das wahre Leben. Dicht, konzentriert, es gab nichts anderes.

Nachts, wenn ich ganz leise im Dunkeln zu meinem Bett schlich, war ich wie ein randvolles Glas.

„Mit ihm schlafen? Bist du verrückt!", antwortete ich Monika auf ihre Frage, als ich wieder zu Hause war. „Stell dir vor, ich würde schwanger! Das ist ja genau das, was wir immer wollten! Hausfrau und Mutter. Und in dem Kaff abgemalt!"

Das Wort war sehr groß in meinem Mund. Denn insgeheim zweifelte ich seit langem, ob ich überhaupt jemals schwanger werden konnte.

Mit 13 Jahren hatte ich die erste Periode. Es traf mich unvorbereitet, kurz bevor ich zum ersten Mal in meinem Leben an Weiberfastnacht ins Café Brodel feiern ging. „Wenn du mal groß bist ...", flüsterte mir der ältere Bruder meiner Freundin beim Tanzen ins Ohr. Ich fand ihn klebrig und komisch für einen Mann von 23 Jahren und war mehr damit beschäftigt, Anzeichen zu finden, wer von den anderen Frauen gerade auch ihre Tage hatte. Und wie gut sie ihr Geheimnis versteckten. Ich ging mehrmals zur Toilette und prüfte, ob meine Einlage nicht verrutscht war oder beulte. Erniedrigend, ja das war das passende Wort. Ich fand es erniedrigend, der Natur so ausgeliefert zu sein.

Nach zwei Monaten kam die nächste Periode, aber in dem folgenden Dreivierteljahr tat sich nichts. Das Unregelmäßige wurde die Regel. Im Feriencamp hatte ich gesehen, dass viele Mädchen wunderbare geformte pralle Brüste hatten. Ihre BHs waren zum Teil nur hauchdünn, fast durchsichtig und ohne Schaumstoff. Sicher hatten sie auch alle vier Wochen ihre Tage.

Aber da war noch etwas. Die Kommentare meiner Mutter hatten eine ungeheure suggestive Kraft, wenn sie moralisch über die Mädchen urteilte, denen man eine sexuelle Beziehung in diesen jungen Jahren nachsagte. Die sich einfach so hergaben oder sogar schwanger wurden. Billig und niedrig waren sie. Alle Beschreibungen gingen in diese Richtung, und vor meinem inneren Auge klebte, für alle sichtbar, Morast an diesen Körpern.

Ich hatte wenig Begrenzungen zu Hause „Sie weiß gut, was sie tut!", hörte ich meine Mutter oft sagen. – Sie hatte gut reden! Oft fand ich es eine richtige Last, das ganze Feld vor mir selbst zu beackern. Meine Eltern waren nicht zu streng und ihnen fehlte auch kein Verständnis. Vielleicht hatten sie einfach nur keine Ahnung, was da alles so ablief und schiefgehen konnte, und waren zu vertrauensselig.

Was wäre das doch schön, einfach nur mal ein Verbot, zack, mit einem Tritt in die Ecke zu pfeffern! Sind sie doch selbst Schuld mit ihren blöden Einschränkungen!

Köln kannte ich von den Besuchen bei meinem letzten Freund. Das erste Mal hatte ich noch eine Hotelquittung vorgelegt. Danach fragte meine Mutter nicht mehr. Und ich hatte es auch beim ersten Mal mehr als albern gefunden, nach dem ausgiebigen Petting in dem schmalen Bett im Studentenwohnheim ein Hotelzimmer aufzusuchen.

Ich hatte zu Hause den „Kinsey Report" – die neue heimliche Sexbibel – demonstrativ auf die Heizungsablage gelegt. Keine Reaktion. Ich war ziemlich erstaunt gewesen, was Männer und Frauen alles so miteinander machten. Und offenbar war das Petting, bei dem ich das Gefühl hatte, über alle Grenzen zu steigen und ganz sicher viel zu weit zu gehen, völlig üblich. Mein letzter Freund war in meiner Achtung tief gesunken.

Eines Abends rückte er doch damit raus, er habe sich mit seinem alten Klassenkameraden Pepe über sein Leben unterhalten und sei dabei sehr nachdenklich geworden. – Versteckt hatte er sich hinter diesem Typen, den ich nicht geschenkt haben wollte! Der damals auf der Schule so nachdenklich

Pfeife rauchte und einen auf Existentialisten machte. Wenn ich nur an diesen Schal dachte, musste ich kotzen: „Seht her, ich bin einer von denen!"

Konnte er nicht durchschauen, dass dieser Hirnwichser hinter seiner Fassade ihn um diese Freundin beneidete? Und dass das zweitgrößte Glück für solche Typen ist, das der anderen zu zerstören?

Erwartete der Feigling vielleicht von mir, dass ich ihn rausschickte in die Welt: „Du bist doch nicht mein Besitz, Liebling! Sieh dich um! Sei offen für andere! Wir wollen doch nicht durch die Unterdrückung deiner sexuellen Triebe eine Deformation deiner Persönlichkeit riskieren! Lass uns gegen diese konservative Sexualmoral angehen!"

„Ich glaub, ich spinne! Er hat sich verguckt in eine andere, will mich behalten und meinen Segen dazu!"

Paul hatte seinen Freund Jean mitgebracht. Der Abend war lustig, und auf der Rückfahrt von Düsseldorf drehten wir das Radio an und sangen theatralisch mit. Ich hatte bloß Cola getrunken und fuhr. Paul saß neben mir. Als „In the morning of my life" von Esther und Abi Ofarim kam, drehten wir voll auf, und an der Stelle „In the evening I will fly you to the moon" warf Paul den Kopf in den Nacken und lachte.

„Come all without, come all within, you'll not see nothing like the mighty Quinn", sangen wir mit Manfred Mann, als wir von der Autobahn abbogen in die Luxemburgerstraße, und mit „Eloiiiise" von Barry Ryan parkten wir vor dem kleinen Hotel.

Ich hatte zwei Einzelzimmer gebucht, und Paul schaffte es, Jean unbemerkt mit reinzuschmuggeln.

„À bientôt", flüsterte Paul mir zu. Ich legte den Zeigefinger vor die Lippen, lachte und machte leise „schschsch!"

Ich ging in mein Bad und hielt versteinert inne. Meine Unterwäsche war getränkt mit Blut. Mit frischem, hellem Blut. Die Toilettenschüssel war im Nu rot gefärbt, und im Stehen lief mir das Blut die Innenseite der Schenkel runter. So etwas hatte ich noch nicht erlebt. Ich stieg unter die Dusche und seifte mich gründlich ein. Ich hatte nichts dabei, keine Einlage, kein Tampon. Das Handtuch war zu groß. – Es lief wie aus einer frischen Wunde. Ich faltete Toilettenpapier zu einer richtig dicken Lage und klemmte sie in meinen Slip. Es war mitten in der Nacht, und gleich würde Paul an die Tür klopfen. Der Geruch der Monatsblutung stieg mir in die Nase. Ich nahm etwas von meinem Eau de Toilette und tupfte es mir auf den Hals und auch auf den Bauch. Ich konnte die Periode ohne Mühe heraus riechen. Penetrant und etwas wie Eisen!

Mir war elend, und während ich mit Paul auf dem Bett lag, fragte ich mich ständig, ob der Geruch schon zu ihm gedrungen war. Die Hand, mit der er meine Brüste, meinen Rücken und meine Hüften sanft streichelte, verfolgte ich argwöhnisch – ob sie nicht der unförmig ausstaffierten Stelle zwischen meinen Oberschenkeln zu nahe käme.

Selbst beim Küssen konnte ich uns nur von außen zusehen, und so kam es, dass ich Paul bald in sein Zimmer schickte unter irgendeinem Vorwand, den sonst nur zickige junge Frauen haben, die sich und die Welt nicht verstehen.

Es gab mir einen Stich, als ich am anderen Morgen neben Paul und Jean beim Frühstück saß. Sie unterhielten sich so schnell und vertraut in Französisch, dass ich absolut gar nichts verstand.

Ein paar Mal lachten sie kurz auf und warfen sich einzelne Wortbrocken hin und her. Paul hatte mir noch kein Mal in die Augen gesehen.

Jean hatte sich auf den harten Fußboden gelegt zum Pennen und musste dann sogar noch von Paul geweckt werden. Das sollte einen Lacher bringen. Aber ich hatte nur einen dicken Kloß im Hals und bekam nichts raus. Als sie losfuhren, hob ich noch kurz die Hand.

Hanne Gertz

Leben

Leben, was ist das?
Ich wusste es nicht. Geboren in Paderborn. Einsam. Unglücklich. Brav.
Katholisch. Angepasst. Unreflektiert. Ahnungslos von der Welt.
Mit 18 Flucht aus der Enge. Münster. Studium. Erste Schritte in Freiheit.
Stolpernd. Unerfahren. Langsames Erwachen.
1968. Aufbruch in der Gesellschaft. Aufbruch in mir mit 23, voller Neugier.
Aachen. Erste Stelle. Erstes Geld. Erste Unabhängigkeit. Reisen. Neue
Freunde. Leben lernen.
Make love, not war. Flower Power. Mit Lust trug ich lange, bunte Röcke,
benäht mit kleinen Spiegelchen, schillernde, kurze Samtjäckchen. Leise
bimmelnde Glöckchen um nackte Füße, indische Silberkettchen um die
Handgelenke. Blumen und Perlenketten im langen Haar.
Liebte Bob Dylan, Janis Joplin, Eric Burdon, Joan Baez, Jimi Hendrix.
Tanzte bei dem Duft von exotischen Räucherstäbchen und süßlichem Ma-
rihuana. Träumte von San Francisco. Eine glückliche Hippie-Frau.
Nach und nach löste ich mich von den strengen Regeln meiner Kindheit.
Luft zum Atmen.
Parallel der Vietnamkrieg. Studentendemonstrationen in Berlin, Frankfurt,
Paris. Rudi Dutschke. Tod von Benno Ohnesorg. Notstandsgesetze. Be-
rufsverbote. Gründung der RAF.
Ich nahm an ersten politischen Diskussionen teil. Ersten Demonstrationen.
Voller Hoffnung auf eine friedvolle Welt. Aufregende Herausforderung für
das völlig unpolitische Mädchen aus Paderborn. Ich saugte alles auf. Lernte
zu denken. Lernte zu reden. Lernte zu lieben. Voller Optimismus.
1969. Der Schock. Schwanger. Völlig unerwartet.
Ich, eine alleinerziehende Mutter? Meine Freundinnen machten mir Mut:
Du schaffst das. Wir zusammen schaffen das.
Ich war nicht mutig. Ich floh zurück in die Bürgerlichkeit. Da kannte ich
mich aus.

Hochzeit. Ein langes weißes Kleid. Margeriten im Haar. Das Ave Maria in der Kirche. Ein perfektes Fest. Meine Mutter glücklich.

Es ging nicht lange gut. Ich ahnte es. Nur guter Wille ist keine Basis für eine tragfähige Beziehung.

Ich wurde Mutter.

Erziehung – wie geht das? Ich dachte an meine Erziehung. An Enge. Gehorsam statt Verständnis. Gebote statt Liebe. Wieder half mir der Umbruch in der Gesellschaft. Kinderläden entstanden in leeren Geschäften.

Wir wollten alles anders machen. Antiautoritäre Erziehung. Überwindung festgefahrener Strukturen. Das Kind als Partner?

Nächtelange Elternabende. Kontroverse Diskussionen zur Entwicklungspsychologie. Summerhill, Alice Miller, Horst-Eberhard Richter.

Wir lasen. Wir suchten. Wir stritten. Entwickelten neue Erziehungskonzepte.

Wieder saugte ich alles auf. Lernte. Liebte. Glücklich mit meinem Sohn.

Zur gleichen Zeit schwappte eine neue Psychowelle aus Kalifornien herüber. Gestalttherapie.

Bioenergetik. Encountergruppen. Transaktionsanalyse. Genau zum richtigen Zeitpunkt für mich. Wie kann ich ein Kind frei und selbstbewusst erziehen, wenn ich selbst blockiert bin? Ich ließ mich ein. Einzeltherapie. Gruppentherapie. Erlebte Höhen und Tiefen. Lernte mich kennen.

Machte eine Ausbildung zur Gestalttherapeutin. Mein Selbstbewusstsein stieg. Ich spürte, was gut für mich war, was gut für meinen Sohn war. Spannende, anstrengende, prägende Jahre.

Gemeinsam sind wir stark!

Anfang der 70er Jahre werden wir Frauen langsam wach, noch ängstlich, nicht geübt, gegen gewohnte Unterdrückung zu kämpfen, nicht geübt, Frauensolidarität zu leben, nicht geübt, gemeinsam und lautstark unseren Protest gegen weibliche Ohnmacht in unseren Ehen, bei Diskussionen im Freundeskreis und in unserem beruflichen Alltag herauszuschreien. Welch eine Befreiung, sich mutigen und schrillen, bunt gekleideten und bemalten Frauen anzuschließen, Stolz und Wut in unseren Herzen. Ein Anfang, gewaltig.

Spöttische Blicke der Männer: Feministinnen, völlig durchgeknallt.

Erste Frauenzentren entstehen, Orte der Begegnung, nur für Frauen. Reden, tanzen, sich langsam öffnen. Innere Wände stürzen ein, die Frau, keine vermeintliche Rivalin mehr, nein, eine Frau mit ähnlichen Erfahrungen, auf der Suche nach einem selbstbestimmten Leben.

Die Literatur kommt in Bewegung, Frauenbuchläden werden eröffnet. Zeit der Frau. Im Rowohlt Verlag erscheint monatlich ein neues Taschenbuch in der Reihe „Die Frau in der Gesellschaft". Sachbücher, Romane, autobiografische Erfahrungen, Gedichte. Ich verschlinge sie. Meine Zimmerwände füllen sich mit mutmachenden Zitaten, Gedanken, Fotos, Gedichten.

Endlich sich fühlen, endlich neu denken. Ein Aufschrei!

Ich will, ich muss reden über den wachrüttelnden Text „Die Scham ist vorbei" von Anja Meulenbelt, über die Bücher von Simone de Beauvoir, über das Buch „Lee und die Knotenmänner", über die Biografie „Ich bin Ich", über, über, über.

Frauengruppen entstehen überall. Wir tauschen uns über das Gelesene aus, sprechen über uns. Sanft, warm, weich, immer vertraulicher, immer offener. Ängste lösen sich, verschluckte Unterdrückungen, sexuelle Übergriffe werden zum ersten Mal in Worte verwandelt. Tränen, einander festhalten, da sein, Lösungen suchen, eine tief empfundene Frauensolidarität.

Befreites Tanzen mit der Krächzstimme von Janis Joplin auf weichem Flokati, Lachen, Schmusen.

Wir! Nur Wir!

Wir liegen im Kreis, die Köpfe in der Mitte nah beieinander, ein Stern. Wir halten uns an den Händen, fantasieren wundervolle Bilder, fantasieren abenteuerliche Reisen.

Wir fliegen in den weiten, blauen Himmel …

1970 **Willy Brandt** kniet vor dem Ghetto-Mahnmal in Warschau. Die BRD verzichtet im zweiten der Ostverträge auf jegliche Gebietsansprüche.
Willy Brandt **bekommt 1971 den Friedensnobelpreis** für seinen Beitrag zum Frieden zwischen Ost und West. *„Es geht darum, Kriege abzuschaffen, nicht nur sie zu begrenzen ..., weil der Unfriede ein anderes Wort für extreme Unvernunft geworden ist."*

Entstehung einer **linksextremistischen terroristischen Vereinigung,** die **„Rote Armee Fraktion" (RAF),** in ihrem Selbstverständnis eine kommunistische, antiimperialistische Stadtguerilla von 60–80 Personen, die den bewaffneten Kampf aus dem Untergrund rechtfertigt und ideologisch zu untermauern versucht. Zu den Gründern gehören A. Baader, G. Ensslin, H. Mahler und U. Meinhof. Sie sind verantwortlich für Morde an Führungskräften aus Politik, Wirtschaft und Verwaltung (wie Martin Schleyer, Siegfried Buback) und deren Fahrer und Polizisten und Zollbeamten sowie für mehrere Geiselnahmen, Banküberfälle und Sprengstoffattentate mit vielen Verletzten.

1972 überfällt bei den Olympischen Spielen in München die palästinensische Terrorgruppe „Schwarzer September" die israelische Mannschaft. Elf Israelische Sportler kommen ums Leben.

Man definiert sich in der Gesellschaft weniger über traditionale Klassen oder Schichten, sondern eher über seinen **individuellen Lebensstil** und demonstriert diesen über Konsum.

Die jährliche Urlaubsreise wird zum zentralen Konsumgut. Verbesserte Einkommen, Veränderungen in der Tourismusindustrie und technische Innovationen wie der Jumbo-Jet ermöglichen Flugpauschalreisen ins Ausland. **Der Massentourismus beginnt.** Individualreisen erhöhen den Prestigewert einer Reise.

Auch in der **kurzen wirtschaftlichen Rezession** bleibt die **Tourismusbranche stabil** und verzeichnet jedes Jahr Zuwächse.
Obwohl in Spanien Franco sein Land autoritär regiert, wird es zum Reiseziel Nr. 1 in einem zuvor nie dagewesenen Reiseboom.

Die Antibabypille ist seit 1960 auf dem Markt. Die Ärzte verschreiben sie jedoch meist nur verheirateten Frauen und bei Menstruationsbeschwerden. Die Ärzte **lockern erst ab 1970 ihre restriktive** Haltung. Bis 1976 nehmen 32,8 % der Frauen im gebärfähigen Alter die **Pille.** Die Tendenz ist steigend, besonders bei ganz jungen Frauen.

Im Rahmen des allgemeinen gesellschaftlichen Wandels wuchs schon Ende der 68er Jahre die **Kritik der Frauen** an der linken Bewegung, die überkommenen Geschlechterrollen nicht ausreichend in Frage zu stellen und spezielle „Frauenthemen" nicht zu formulieren.
Forderungen werden laut, dass sich Frauen separat organisieren, um ihre Themen zum Ausdruck zu bringen.

In den USA entstanden bereits Ende der 60er Jahre **„consciousness raising groups"**, die versuchten, die Frauen aus der Isolation zu holen und ein politisches Bewusstsein dafür zu schaffen, dass viele Selbstbeschreibungen bei Frauen oft als ganz „persönliche" Probleme missverstanden werden oder als das Ergebnis von individuellen Konflikten zwischen Männern und Frauen.

In diesen Gruppen schuf man zum ersten Mal ein Forum, **bis dahin private, tabuisierte und beschämende Gefühle oder körperliche Vorgänge** in einem geschützten Raum zu beschreiben und auf die Gemeinsamkeiten hin zu analysieren.

Aus den Protestformen des zivilen Ungehorsams zu Themen wie Schwangerschaftsabbruch, sexueller Missbrauch und aus den Erkenntnissen der „consciousness raising groups" **erwächst in der BRD eine autonome Frauenbewegung.** Ihr geht es um den Austausch von zunächst individuell erlebten persönlichen Problemen und um das Verknüpfen dieses Erlebens mit den gesellschaftlich tradierten Rollenvorstellungen und den gesetzlichen und ökonomischen Rahmenbedingungen.

Es entstehen **Frauenzentren** mit einer nicht hierarchischen Struktur und undogmatischen Ausrichtung, die sich unabhängig von jeder Partei und Institution aus eigener Kraft finanzieren und die auf Konsens, Meinungsvielfalt und Selbstbildung setzen. Das plötzliche Gemeinschaftsgefühl nach einer Erfahrung großer Vereinzelung bewirkt ein Kraftgefühl, mit den Themen offensiv an die Öffentlichkeit zu gehen und gemeinsam etwas zu verändern.

Nachdem in Frankreich **auf Initiative von Simone de Beauvoir** *(„Das andere Geschlecht")* **die Frauen gegen** die gängige Abtreibungsregelung rebellieren, bekennen in Deutschland **1971** fast 400 Frauen **auf Initiative von Alice Schwarzer im Magazin Stern: „Wir haben abgetrieben".**

Die **Legalisierung eines Schwangerschaftsabbruchs** unter bestimmten Bedingungen wird **1975 Gesetz.**

1975 findet die erste **Weltfrauenkonferenz** in Mexiko statt. Die UN lenkt die Aufmerksamkeit auf die Situation von Frauen, auf ihre Belange und die Verletzung ihrer Rechte.

A. Schwarzer thematisiert in ihrem Buch „Frauenarbeit – Frauenbefreiung" die Probleme der unbezahlten Arbeit im Haushalt, der Erziehung und die Unterbezahlung bei gleicher Arbeit von Frauen im Beruf.

1976 kommt eine **grundlegende Neuregelung des Ehe- und Familienrechts.** Bis dahin war das Leitmodell die „Hausfrauenehe", in der der Mann die Berufstätigkeit seiner Frau verhindern konnte. Seitdem gilt das Partnerschaftsprinzip.

Die Zeitschriften „Emma" und „Courage" kommen auf den Markt. Schwarzer schreibt über tabubrechende Themen wie das Sexualleben von Frauen und heizt in den Medien die Diskussion an über den Unterschied im sexuellen Erleben zwischen Mann und Frau.

Projekte der autonomen Frauenbewegung entstehen, wie Frauenge-sundheitszentren, Frauenhäuser, Notruf und Beratung für von Gewalt betroffene Frauen und Mädchen, Kurse in Selbstverteidigung.

Von 1974 an wird die Volljährigkeit auf 18 Jahre gesenkt.

1979 sehen etwa 20 Millionen Zuschauer **im Fernsehen die Minise-rie aus den USA „Holocaust – Die Geschichte der Familie Weiss"** Sie erzählt die fiktive Geschichte einer deutsch-jüdischen Arztfamilie im Dritten Reich und führt zu einer breiten Diskussion über die national-sozialistische Vergangenheit.

Danach wird der Begriff *Holocaust* auch in Deutschland für den Genozid an den europäischen Juden gebräuchlich.

Christine Dieckert

Zufall

Der Zufall wirft mich 1974 ziemlich unvorbereitet in das Studium des So-
zialwesens. Das Los hat entschieden, und mit drei Wochen Verspätung betrete ich mit einem Wust von Formularen den kargen, dunklen Flur der
Hochschulbaracke. Ich wärme mich am nächsten Heizkörper und grüble
ratlos über die notwendige Wahl eines Schwerpunktes, bis jemand interessiert zuerst mich und dann meine Unterlagen anschaut.
Auf dem Bahnhof und im Zug hierher habe er mich schon gesehen und
mit Blick auf meine Unterlagen meint er ‚Elementarerziehung‘, das sei eine
gute Wahl. Die zuständige Professorin sei schon so um die 70, sehbehin-
dert und oft nicht da. Sie vergebe die meisten Einsen und nehme es allgemein nicht so genau. Ich bin dankbar für seinen Hinweis und treffe meine
Entscheidung.
Ähnlicher Intuition folgend besuche ich wenige Wochen später das Seminar
‚Frankfurter Schule‘. Aber es zeigt sich als Fehlgriff. Ich verstehe nichts.
Namen wie Adorno, Marcuse und Wörter wie Dialektik und Materialismus
habe ich noch nie gehört. Mit Pädagogik hat es offenbar nichts zu tun.
Zum Gehen fehlt mir der Mut. Stattdessen beobachte ich aufmerksam eine
hitziger werdende Auseinandersetzung zwischen zwei Studenten aus einem
höheren Semester und dem Prof in Cord und grünem Strickpullunder. Zu
meinem Erstaunen duzen sie sich. Ich bewundere die Argumentationssi-
cherheit der beiden und noch mehr ihren Mut zum Widerspruch, besonders des einen mit den hüftlangen braunen Haaren.
Drei Jahre später werde ich ihn wiedersehen, auf unserer Hausparty.
Meine Kollegin Ute zieht mit ihrem kleinen Sohn zeitgleich über mir ein.
Sie sucht einen Neuanfang nach ihrer Scheidung. Frisch graduiert soll für
mich in der großen Stadt das richtige Leben anfangen, ohne Kontrolle der
Eltern, der Nachbarn, des ganzen Dorfes und der Spießigkeit der ersten
Liebe. Endlich erwachsen mit Job, richtigem Einkommen und einer eige-
nen Wohnung. Ich kaufe ein weißes Sofa und schwarze Regale bei Ikea,

moosgrünen Teppichboden in einem Havarieladen, Grastapete für's Wohnzimmer, an der später meine Katze hochklettern wird, und was mit Blümchen für die möblierte Küche. Ute zeigt mir, wie man Tapete klebt und Teppich verlegt. Ich bin geschickt und kann aus fast ,nichts' was Schönes machen. Das Handwerkliche klappt ganz ohne männliche Unterstützung, was uns nahezu euphorisch macht. Wir fühlen uns stark, vereint in Frauenpower und bereit für die Welt.

Ute überzeugt mich schnell, dass das Erreichte gebührend gefeiert werden müsse und kümmert sich eilig um die Gästeliste. Die Typen, die männlichen Kollegen wie Sozialarbeiter, Lehrer, Psychologen und die Heilerzieher aus ,unserer' nur von Jungs bewohnten evangelischen Heil- und Pflegeanstalt dominieren darauf. Ich kenne kaum jemanden. Seit sechs Wochen erst arbeite ich im Schichtdienst in der Wohngruppe mit Bruder Schulz, dem Hausleiter, und Herrn Kurt. In größeren Arbeitskreisen bin ich schüchtern und warte ab, habe Angst vor allen, die aus meiner Sicht eine Autorität sind, und versuche, es niemandem zu zeigen.

Die Gäste treffen ein. Da entdecke ich ihn, engagiert im Gespräch, auch hier Wortführer, von einigen umringt, in Utes frisch renoviertem Wohnzimmer. Ich vermisse seine auffällig lange Mähne und finde seine Prinz-Eisenherz-Frisur merkwürdig, entscheide mich aber eher für avantgardistisch. Nach einer Woche sind wir ein Paar. Das trägt mir einige Schwierigkeiten in der evangelischen Anstalt ein. Schließlich sei er verheiratet, ob ich es moralisch denn vertreten könne, fragt mich Bruder Schulz. Ich bin irritiert, versuche es an mir abprallen zu lassen, weil es sich gut und richtig anfühlt. Ihn, den verheirateten Mann, spricht niemand an.

Er führt mich in die ,wissenschaftliche Weltanschauung der Arbeiterklasse' ein. Ich lese zwei Bände ,Die Linke im Rechtsstaat', gehe regelmäßig zur Marxschen Kapitalschulung und mache mich im Redaktionsteam der alternativen Stadtzeitung nützlich. Im Spätsommer zelten wir in Griechenland am Strand, im Rucksack rote und marxistische Blätter und Taschenbücher vom Rotbuch und Dietz Verlag. Er versteht sich zurzeit als Trotzkist und wettert gegen Revanchisten oder Revisionisten oder beides. Ich bewundere ihn sehr. Seine Analyse scheint mir brillant. Das meiste verstehe ich nicht, bemühe mich aber. Abends singen wir in der Taverne Refrains von Theodorakis, die wir aus der heimatlichen Stammkneipe kennen.

Nach den vielen politischen Arbeitskreisen, Schulungen, Sitzungen fließt reichlich Alkohol, vor allem Alt und Rotwein. Mein Korrektiv ist meine geringe Alkoholverträglichkeit. Ich finde weder Schwindel noch Übelkeit erstrebenswert. Ihn hingegen scheint der Alkohol zu beflügeln. Dann sucht er noch mehr den Diskurs, die Auseinandersetzung. Viele schätzen ihn. Besonders die ganz Jungen von den Falken lauschen andächtig den intellektuell klingenden, später dann zunehmend alkoholisiert wirren Gedankengängen, bis sie ihnen nicht mehr folgen können. Er schwankt danach zwischen Melancholie und anlassloser Euphorie und findet nirgendwo ein Ende. Ich gewöhne mir an, früher als er nach Hause zu fahren mit meinem gelben Polo, der immer ein bisschen nach Käse stinkt.

Meistens taucht er weit nach Mitternacht bei mir auf und kriecht zu mir ins geschenkte Bauernbett. Ich bin genervt und schlafe schlecht. Tagsüber sehe ich meine Alkoholvorräte ohne mein Zutun stark geschrumpft und bin sauer. Ich sehe ihm an, dass er sich schuldig fühlt. Über seine Arbeitspapiere gebeugt, beklagt er sich über meine wöchentlichen kleinbürgerlichen Putzorgien, durch die er sich weggewischt fühle ‚wie einen Krümel'. Er ist sich sicher, dass mir eine Therapie fehlt. Inzwischen denke ich das auch.

Seit einiger Zeit gibt es eine Art Versteckspiel zwischen uns in diesem Auf und Ab der Gefühle. Sind wir in der Kneipe verabredet, finde ich ihn oft nicht. Rüste ich mich zum Gehen, höre ich ein Pfeifen oder das typische Zischen, wie damals im Bahnhofsrestaurant in Izmir. Ich weiß, er ist es. Ich finde es ermüdend, lächerlich und erleichternd zugleich. Eine andere Version ist, er kommt in der Nacht zu mir, schließt nicht auf oder klingelt, sondern starrt irgendwo in mein Fenster an der Straße oder auf dem Hof und kratzt daran wie ein Hund.

Diesen Abend verbringe ich allein zu Hause, lange in meinem neuen Schaukelstuhl aus Rattan sitzend, komme ich nicht los von widersprüchlichen Gedanken, David Bowie, Milva oder Pink Floyd. Ich gehe spät ins Bett. Im Schlafzimmer, schon im Nachthemd, suche ich noch schnell die Klamotten für morgen, violette Pumphose, weißes T-Shirt, frische Unterwäsche, Jesuslatschen. Da sehe ich vor meinem Schlafzimmerfenster zum Hof hinter den Gardinen einen männlichen Schatten, dem ich nach kurzem Innehalten zurufe: „Komm einfach rein und steh da nicht blöd rum!" Stunden später, erst gegen Morgen, taucht er auf und versichert, er sei es nicht gewesen. Auch die Lügen häufen sich und ich lasse es dabei.

Nach meinem Frühdienst am nächsten Tag freue ich mich über die im Spendenlager der Anstalt abgestaubte schwarze Schreibtischlampe mit Goldrand aus den 20ern, die die behinderten Jungs alle doof finden. Sie lachen über meinen komischen Geschmack. Sie lieben moderne Pressspan- oder altdeutsche Möbel, wie die meisten und gerade deshalb. Auf den Esstisch gelehnt pflege ich anschließend, auch durch mein Schnäppchen gut gestimmt, mein Ritual: Kaffee trinken, Kekse essen, Zeitung lesen und bereite mich mit wenig Lust auf den nächsten quälenden Abschnitt des ‚Kapitals' vor, weil der heute Abend dran ist. In der WG gegenüber, im abrissreifen maroden Gebäude, wird am Abend wieder diskutiert, heute über ‚die Natural- und Wertform der Ware'. An ihrer Klingel hängt ein Schild ‚Wir sind die Leute, vor denen unsere Eltern immer gewarnt haben'. Drinnen auf einer Tafel in der Wohnküche las ich letzte Woche in großen Lettern: ‚Wer viel frisst, der viel scheißt', und einer von ihnen bewirbt sich zurzeit bei Ikea, dem ‚unmöglichen' Möbelhaus, wie die Werbung flott verkündet, als ‚unmöglicher' Betriebswirt.

So gegen fünf Uhr klingelt es. Er kommt früh heute, denke ich noch und drücke auf den Summer. Ich öffne meine Wohnungstür und sehe mich plötzlich einem verwahrlost aussehenden Mann mit torkelndem Gang gegenüber. Erschrocken und geschockt schlage ich die weiße Tür zum Hausflur wieder zu. Er brüllt wie ein Tier und beginnt mit der Faust laut lamentierend darauf einzuschlagen und zu treten. Ich weiß, ich bin allein im Haus. Ich schreie: „Verschwinde, verpiss dich!". Panik steigt in mir hoch, als sich der Türrahmen zu lösen beginnt, Zentimeter um Zentimeter. Ich drücke mich gegen die rückwärtige Wand, bete irgendwas vor mich hin, fühle mich gelähmt. Irgendwann, Gott sei Dank, verlässt ihn die Kraft oder die Lust und er verschwindet. Als mein Atem ruhiger wird, fällt mir auch die Notrufnummer wieder ein.

Er war es nicht, zum Glück. Sechs Wochen später ziehe ich um.

Ingeborg Lehnertz Schröter

WALPURGISNACHTTRAUM '75

FRAUEN, holt euch die Nacht zurück!
Unter diesem „Schlachtruf" sind wir damals angetreten in der Nacht zum ersten Mai – der klassischen Nacht der HEXEN, der Walpurgisnacht – vielleicht sollte man/frau besser sagen a n gelaufen, a u s gelaufen oder sogar a u f gelaufen als Formation, heute würde es heißen, wir waren „angepisst" von der Situation, dass WIR auf den nächtlichen Straßen nicht ungefährdet herumlaufen konnten wie unsere männlichen Zeitgenossen, jung und alt, seit jeher ...
WIR! großgeschrieben, hatte besonderen Signal- und Symbolwert, wie das Hashtag-Zeichen heutzutage, einen Aufschrei-Charakter ... WIR! meist junge Studentinnen oder einbezogene Freundinnen der 68/69er Generation empfanden uns nach unserer postpubertären Sozialisation traditionell geprägt noch als vermeintliche Rivalinnen um das einzige Überlebensziel, den (Ehe-) Mann oder wenigstens Freund – jetzt aber zum ersten Mal – solidarisch als das „andere Geschlecht", an- und aufgerührt „feministisch" vereint, verbunden mit Alice Schwarzer und ihrer „EMMA", als die neuen, starken Frauen, Hände und Herzen im Einklang mit den deutschen Gründungsfeministinnen und unserem Frauenzeichensymbol, Daumen nach unten in der mächtigen dunkellila Frauenfaust.
WIR – die FEMEN unserer Generation ...
Gemeinsam würden wir stark sein gegen die einseitig männliche Repräsentanz, nicht nur auf den Straßen der Stadt – in diesem Fall der eher konservativ geprägten City der Kaiser- und Studentenstadt Aachen, provinziell abgehangen im Vergleich zu den wild aufgewühlten Metropolen der bewegten Studentenschaft von Paris, Berlin über Frankfurt bis München. Jetzt aber – nicht mehr benachteiligt sein wollend, wie bislang diskriminiert in der Politik, den Machtzentren allseits und überall, beginnend mit der Kleinfamilie, in der immer noch der Vater autoritär seine Vorherrschaft innehatte seit Kaiser-Wilhelms-Zeiten, sie bis über Nazideutschland und hinein in die

Aufbruchsjahre nach dem 2. Weltkrieg, unangefochten behauptete – über die Mutter, die Frau, die Kinder, die Mädchen sowieso.

Vieles ließ uns, hieß uns etwa 200 bis 300 junge Frauen (das Fräulein – war es schon abgeschafft?) zusammenlaufen, in der Amtssprache vermutlich hätte es „-rotten" geheißen, uns bunt verkleiden, die Gesichter weiß verkälken, die Augen schwarz ummalen, die Münder blutrot umreißen, schwarz und blau und grell und stolz vor all diesen Unterdrückern und überhaupt, selbst bemalte Betttücher als Transparente auf Stangen aufgereckt über den Wirichsbongard, den Elisenbrunnen zum Markt, den Münsterplatz, die Jakobstraße zu beiden Teilen hinauf über den inneren Graben zur Südstraße, zu unserem – FRAUENZENTRUM! – zurückschwenken, wild und polyphonisch schreiend, krächzend, unsere Wut über Unterdrückung, einzeln und kollektiv gefühlte Erniedrigungen und psychisch-physische Vergewaltigungen jeder Art, unsere kindlichen und später bis sogar in die linken Genossen- und Studentenszenarien hinein – diese seelen-und knochenverbiegenden Erfahrungen von weiblicher Ohnmächtigkeit – bei instinkthaftem Wissen um unsere Kraft und uraltes weibliches MACHT-Potenzial gleichzeitig – drohend-hallend, stimmgewaltig um die Straßenzüge herum, protestierend, diesmal – NICHT MEHR zart flüsternd, weich wispernd, – NEIN!! – aufdröhnend-schräg – schrille Trillerpfeifen im Gepäck, in den Händen, auf den Lippen, lautmächtig, vielstimmig, heiser, freudestrahlerisch und -prahlerisch, euphorisch herumtänzelnd, sich wiegend, einander untergehakt in Viererreihen herausbrüllen.

Endlich! Das waren:

WIR! – die moderne vorwärts jagende, wogende, weibliche AMAZONEN-INFANTERIE, wie trunken-stampfende Soldatinnen, schön-zerfetzt, schillernde, ketten-perlenbehangene, flatterschalumwehte JUNGGÖTTINNEN in (im Nachhinein...!) voreiligem Siegestaumel, zinnober- bis dunkelrote Lockenmähnen im Halbdämmer, selbstbewusst, stark, einstimmig, extreme Kurzhaarschnitte, frei schwenkend die großen wie kleinen Brüste unter selbstgebatikten Baumwollpullis mit pastellig ausgewaschenem PEACE-ZEICHEN beim Laufen, „Che-Guevara"-Button am Revers, da wo unsere Mütter noch zu NS-Zeiten die rotgüldene „Glaube – Hoffnung –

105

Liebe"-Brosche trugen, immer mal wieder seidige Mille-Fleurs-Schlabber-
hosen, lila Overalls, um die Knöchel wabbernde Langrocksäume auf dem
holprigen Kaiser-Karl-Pflaster ...

KOLLEKTIVAUFSCHREI der brennenden Scheiterhaufen,
das alte Hexengedächtnis und ihr Vermächtnis mitten unter uns,
immer dabei dabei, hinein in alle und künftige Zeiten,
nachtdurchleuchtende Fackeln voran:
„z u s a m m e n   s i n d   w i r   s t a r k" ----

FRAUEN
NEHMT
EUCH
DIE NACHT
DIE M A C H T
ZURÜCK!

Christina Jansen

Gegen Osten

Während der 70er- und 80er-Jahre besuche ich im Rahmen der kirchlichen Jugendbegegnungen mehrmals Berlin Ost. Nachts fahren die Westbusse über die leeren, in Dunkelheit liegenden Pisten. Hitlers Autobahn aus Betonplatten. Beim Überfahren der Abstände senken die Räder sich mit einem dumpfen Schlag in die Zwischenräume: rums – rums – rums.
Gleich beim ersten Besuch gerate ich in die Aufmärsche der Jungen Pioniere. Die uniformierten Massen mit starrem Gesicht rufen Erinnerungen an Hitlers Soldaten-Paraden wach. Die Marschschritte – unvergessen, die Liedtexte – im Stakkato geschmettert. Hier:

„Auferstanden aus Ruinen
Und der Zukunft zugewandt
Lass uns dir zum Guten dienen
Deutschland, einig Vaterland
Alte Not gilt es zu zwingen
Und wir zwingen sie vereint
Denn es muss uns doch gelingen
Dass die Sonne schön wie nie
Über Deutschland scheint.“

Gerne würde ich mich unsichtbar machen. Panisch fliehe ich in ruhige Nebenstraßen.
Beim nächsten Besuch treffen wir Vertreter der kirchlichen Jugendarbeit auf dem Alexanderplatz – in kleinsten Gruppen. Sie sprechen leise, drehen sich bei jedem zweiten Satz um, halten die Kontakte kurz. Wir besuchen ein Café, müssen an der Eingangstür warten, bis die Kellnerin uns einen Tisch zuweist. Drei Kaffee bestellen, bringen, trinken, zahlen, Platz freimachen.
Jedes Mal schlimm ist der Durchgang Friedrichstraße: einzeln durch enge Gänge – bretterverschalt. Dann treffe ich auf den ersten Kontrolleur: „Pass!“ Gesichtskontrolle, Blicke gehen zwischen dem Passfoto und dem

Gesicht drei Mal hin und her, der Kontrolleur bleibt maskenhaft. Der Pass wird weitergereicht an den nächsten „Vopo". Der wiederholt die Prozedur. Langsam steigt kindliche Angst in mir auf, bald nach Sibirien verschleppt zu werden. Dann Besuchsgeld umtauschen, pro Tag zehn D-Mark. Kaufen kann man nur Bücher, sehr gute, schön gebunden. Also ein Paket mitnehmen und dann raus aus der grauen Stadt, in der die einzige Farbe rot, rot, rote Fahnen sind. Beim Eintritt in den Westen werden die Bücher vom Zoll konfisziert.

Während der 80er Jahre pendele ich bei Besuchen zwischen den mit Stacheldraht abgetrennten Uferrändern West-Berlins und der Havellandschaft, dem militärischen Aufgebot der Amerikaner im Grunewald und der Wohnung einer Freundin in Kreuzberg, Wohnzimmerblick auf die Mauer.

1989 hat sich manches geändert. Die Freundin wohnt nun mit der Familie am Fraenkelufer in einem Gründerzeithaus. Am Checkpoint Charly hat sich die Tourismusindustrie ausgebreitet. Noch ist der Potsdamer Platz westlich der Mauer Ödland mit einer Kolonie bunter Bauwagen, in denen „Kommunarden" leben.

Wir können rüber zum Prenzlauer Berg, der bald ein Szeneviertel wird, und über den Gendarmenmarkt schlendern. An der Hausecke der zerstörten Oper steht ein dunkelhaariger, zappeliger Straßensänger mit grellem T-Shirt und einer enormen Stimme, den niemand beachtet –, den später aber jeder kennt: Rolando Villazón.

Seit langem war die erste Oktoberwoche 1990 gebucht. Wir wollten den Osten erkunden. Zuerst im Flachschiff zum Müggelsee, endlos durch die Kanäle Köpenicks, bevor sich der dunkle See still und groß wie ein Meer öffnet. Dort kreuzen wir mit der „Weißen Flotte", dem Stolz der Ostberliner, über den See.

Wir durchstreifen das Uni-Viertel und die Fischerinsel – teilweise ziemlich verlassen. Kehren zwischendurch zur Straße Unter den Linden zurück, wo sich am Nachmittag schon einzelne Familien und Paare aufhalten. Beim Brandenburger Tor verhalten die Menschen sich still, zögerlich, hier und da mit Rotkäppchen Sekt. Die Fassaden der Häuser sind von Brandbomben noch verschwärzt, in den Seitenstraßen viele Fenster zugemauert. Ebenso der Abgang zur U-Bahnstation Friedrichstraße. Roter Fahnenschmuck unter goldenem Stern sticht ins Auge – die russische Botschaft.

Wir kehren zurück nach Wilmersdorf, wo wir im Hotel die Feierlichkeiten zur deutschen Wiedervereinigung im Fernsehen anschauen und später das Feuerwerk von der Dachterrasse aus.

Hanne Gerz

Espresso

Endlich Osterferien. 1982, Aprilwetter, kalt. Sie fliehen mit ihrem post-gelben alten VW-Bus, eigenhändig zum Wohnmobil ausgebaut, in den hoffentlich frühlingshaften Süden. Regen. Sie besuchen das Picasso-Museum in Antibes. Regen. In einem kleinen, gemütlichen Restaurant „Chez Maman" lassen sie sich mit regionalen Köstlichkeiten und kräftigem Rotwein aus dem Fass verwöhnen.

Im Dunkeln suchen sie nach einem Übernachtungsplatz, natürlich am Meer. Sie lieben es, am nächsten Morgen beim ersten Kaffee im Bett den weiten Blick über das Wasser, Hafen und Boote genießen zu können. In einer kleinen Nebenstraße werden sie fündig, Parkstreifen zum Meer, keine Verbotsschilder für Womos. Perfekt. Ruckzuck werden die Sitze zu Betten geklappt, Schlafanzug an, Katzenwäsche, noch ein wenig lesen. Eine ruhige Nacht, begleitet vom sanften Rauschen des Meeres.

Gleichmäßige Regentropfen auf dem Dach wecken sie am nächsten Morgen. Graues Meer, keine Boote, der Hafen im Nebel versteckt. Dann eben ein gemütlicher Betttag mit Lesen, Quatschen, Patience-Legen, Faulenzen. Die Straße ist ruhig, kein Autoverkehr. Kaffee kochen, Müsli, sie sitzen entspannt im Bett. Ihr Blick streift auf die andere Straßenseite. Eine gepflegte weiße Kieselauffahrt, von üppig mit Oleander bepflanzten Terracottakübeln eingerahmt, windet sich den Berg hinauf und endet vor einem Restaurant in einer herrschaftlichen alten Villa. Riesige Panoramafenster, Kellner mit weißen Handschuhen decken die Tische ein, silberne Kerzenleuchter werden angezündet. Sie spürt eine Unruhe: „Nach dem Frühstück fahren wir sofort weiter, die Mittagsgäste können direkt in unser Auto schauen." Seelenruhig stellt er fest, dass sie auf einer öffentlichen Straße ohne Verbotsschilder stehen, *alles gut, schau auf das Meer*. Er schlürft seinen Kaffee und taucht in sein Buch ab. Ja, eigentlich hat er recht, aber trotzdem …

Skeptisch begutachtet sie das offensichtliche Luxusrestaurant direkt über ihnen. „Die Gäste werden beim Blick aus dem Fenster nicht nur das Meer, sondern auch in unseren ollen, gelben VW-Bus schauen, und wir sind noch im Bett." Er liest, sie versucht es auch. Ohne Erfolg, sie verkriecht sich unter der Bettdecke.

Autogeräusche von draußen, die ersten Luxus-Limousinen fahren knirschend die Auffahrt hinauf, nach und nach füllen sich die Tische an den Fenstern. Kellner in Livree nehmen die Wünsche der Gäste entgegen, ein Sommelier empfiehlt die entsprechenden Weine. Entspannt schweifen die Blicke der Speisenden aus dem Fenster. „Ich will jetzt sofort hier weg." „O.K., dann mache ich noch schnell einen leckeren italienischen Espresso." Er setzt die Espressokanne auf die Kochplatte, stellt die Mokkatässchen bereit. Sie blinzelt verstohlen zu den Fenstern. An einem Tisch wird heftig gestikuliert, auf sie gezeigt, der Kellner gerufen. „Siehst du, jetzt kommt gleich die Polizei, die Gäste haben sich offensichtlich beim Kellner beschwert." Unbeeindruckt gießt er den Espresso in die Tässchen, reicht ihr den Zucker. Ein Kellner kommt die Abfahrt herunter, nähert sich dem Auto, klopft höflich an die gelbe Schiebetür. Souverän in seinem karierten Schlafanzug öffnet er die Tür ein Stück. „Bonjour Monsieur", lächelnd schaut der Kellner ins Womo, „die englischen Gäste dort oben an dem Tisch haben beobachtet, dass es bei Ihnen Espresso gibt. Die Herrschaften sind der Meinung, dass zum Espresso unbedingt Petits Fours gehören, voilà!"

Schwungvoll schiebt er ein silbernes Tablett durch die Tür. Sechs kunstvolle Törtchen, perfekt drapiert, liegen da, kleine Meisterwerke.

Verdattert schaut sie zum Restaurant hoch, fröhliches Winken, Gläser werden erhoben. Mit aller Vorsicht überträgt er die Kunstwerke auf zwei rote Plastikteller. Der Kellner verbeugt sich. „Die Herrschaften meinen, Sie seien Engländer mit wenig Geld, bon appétit!" Lächelnd geht er.

Mit Dankesgesten heben sie die Teller mit den Petits Fours, die Espressotassen, Lachen auf beiden Seiten. Später fährt ein Rolls Royce die Abfahrt hinunter, stoppt kurz an ihrem Bus, fröhliches Zuwinken. „Thank you so much, it was very kind." Lachende Augen.

Auch sie verlassen diesen ungewöhnlichen Parkstreifen, die Sonne hat sich endlich durch die Wolken gekämpft. – Sie sind in Südfrankreich!

Zeitleiste   1980 – 1990

In den 1980er Jahren beginnt das **Ende des sogenannten Ostblocks,** in Polen 1981 mit der Gründung der Gewerkschaft „Solidarnosc" mit Lech Walesa, in der Sowjetunion 1985 mit Michail Gorbatschow und seinem Reformprozess, der „Perestroika".

Im Westen entwickelt sich eine Zeit mit beschleunigtem **Wandel in den Lebensformen** mit zusammenlebenden, nicht verheirateten Paaren, vielen Alleinlebenden und Alleinerziehenden. Die Scheidungsquote steigt und die Bildung von „Patchworkfamilien" nimmt zu.
Die **technischen Neuerungen** werden erschwinglich für alle.

Private Fernsehsender werden zugelassen, und die Ausstrahlung US-amerikanischer Serien beeinflusst medial und kulturell.
Weltweit synchron werden nun kollektive Erlebnisse geteilt.
So verfolgen Menschen weltweit den Absturz der Raumfähre „Challenger", aber auch Sportereignisse wie das Wimbledon Tennisturnier mit Boris Becker und Steffi Graf oder die Hochzeit des britischen Thronfolgers Charles mit Diana Spencer.

Das Erleben von Großereignissen in Echtzeit verändert die Wahrnehmung über Ländergrenzen hinweg. Es fördert den Wandel hin zu einer **„Mediengesellschaft".**

Auch der **Personal Computer** schafft es mit dem MS-DOS Betriebssystem von Microsoft in dem Jahrzehnt von der technischen Innovation hin zu einem **massen- und alltagstauglichen Konsumprodukt.**
Das digitale Zeitalter hat begonnen.

Die Menschen sind zunehmend daran interessiert, frei zu sein von einengenden Normen und von Beschränkungen. Individuelle „Rucksackreisen" in fernste Länder werden gewagt, Ibiza als Party-Insel wird „in". Man findet Geschmack daran, Gegenstände und Möbelstücke von Flohmärkten in einem gewollten Stilbruch in die moderne Wohnung zu platzieren.

Piercings und Tattoos am ganzen Körper werden „der letzte Schrei".

Es beginnt ein Jahrzehnt, wo eher die ganz individuelle Wahl in dem breiten Angebot der Konsumwelt den eigenen Lebensstil markiert und bestimmt.

1982 wird Helmut Kohl Bundeskanzler. Er löst mit der kleineren liberalen FDP die SPD als Regierungspartei ab. Er fördert die europäische Einigung und unterstützt weiter die DDR, die in wirtschaftlichen Schwierigkeiten ist. Dafür lässt diese mehr Ostdeutsche „aus familiären Gründen" nach Westdeutschland oder erlaubt, dass Einzelne freigekauft werden. Auch angeregt durch Gorbatschows „Umbau" in Russland nehmen die Fluchtbewegungen der DDR-Bürger in die deutschen Botschaften in Ungarn und Prag zu, wo sie dann versuchen, ihre Ausreise zu erzwingen.

Finanz- und Wirtschaftskrise, der Golfkrieg, ökologische Katastrophen wie das befürchtete Waldsterben, die Nuklearkatastrophe von Tschernobyl 1986, die Verbreitung von Aids und das Bewusstsein der Folgewirkungen des Drogenkonsums prägen ein Narrativ in der Gesellschaft, das Ängste schürt.

Proteste im Bereich Umwelt und Friedensbewegung werden populär.

Aus den Protesten gegen Umweltzerstörung, Nutzung der Kernenergie und atomare Hochrüstung und aus den Wurzeln der Studentenbewegung, den Umweltverbänden und Fraueninitiativen entsteht die **Partei „Die GRÜNEN".**
1983 zieht sie in den Bundestag ein.

Die politischen Strategien beleben den **europäischen Gedanken** neu. Grenzkontrollen werden in Europa abgeschafft, eine gemeinsame Währung wird vorbereitet.

Die Wahrnehmung der gegenseitigen Verflechtung und der Blick über den nationalen Tellerrand wird „normal". **Der grenzüberschreitende Austausch auf allen Gebieten markiert ein Jahrzehnt, in dem verstärkt transnational und transkulturell gedacht wird.**

1989 lässt Ungarn Ostdeutsche ungehindert über Österreich nach Westen ausreisen.

Am 9.11.1989 fällt die Mauer in Berlin. Kohl verhandelt mit Präsident Bush in den USA und mit Gorbatschow in Russland, da auch Befürchtungen bestehen, dass ein so großes Deutschland wieder den Frieden stören könnte. **Am 3.10.1990 schließen sich die Bundesrepublik und die DDR zu einer größeren Bundesrepublik zusammen.**

Christina Jansen

Politische Erdbeben:
Richter-Skala 5,7 bis 9

1980 gründen alternative Typen die Grüne Partei. Im Parlament erscheinen sie mit Sonnen- und Wiesenblumen. Auch ihre Kleidung Wald und Wiesen, gartengrüne Schlabberpullover. Diese bunte Vielfalt: seit Kindertagen geliebt – aber auf der Regierungsbank befremdlich.

Die grauen Anzugträger machen aus ihrer Verachtung keinen Hehl. Dazu noch das selbstbewusste Auftreten einer Politikerin. Das brachte das Patriarchat auf die Palme. So findet auch der Präsident „hoch auf dem gelben Wagen", dass ein bisschen Gleichberechtigung zu tolerieren sei, jedoch mehr sei für das Weib nicht möglich.

Von solchen Äußerungen lassen sich die Fußball spielenden Frauen nicht behindern. 1981 wurden sie zur Fußballweltmeisterschaft nach Taiwan eingeladen. Die Einladung durch den lokalen Turnierausrichter beantwortet der Deutsche Fußball-Bund (DFB) damit, „es gibt keine Nationalelf in Deutschland", da „diese Kampfsportart der Natur des Weibes im Wesentlichen fremd ist" und sie „unweigerlich an Körper und Seele Schaden erleiden". Nach weiterem Drängen meldete der DFB „die Mädchen aus dem Club SSG 09 Bergisch Gladbach" an. Sie waren bereits fünf Mal Deutscher Meister.

Flugreisen, Unterkunft, Verpflegung, alles auf eigene Kosten – unterstützt von Familienmitgliedern. Sie vertragen das Klima und das Essen nicht, sind ohne Dolmetscher, spielen an elf aufeinander folgenden Tagen neun Mal und werden Weltmeister. Der DFB bedankt sich mit einem Kaffeeservice.

Der starke Mann aus Bayern hatte sich bereits mehrmals spektakulär in Szene gesetzt. So mit der „Spiegel-Affaire" 1960. 1983 vermittelt Franz-Josef Strauß Milliarden-Kredite an die DDR. Udo Lindenberg, schlaksig bis in die Lippen, mit breitkrempigem, schwarzem Hut und rotem Stern, besteigt den „Sonderzug nach Pankow". Er setzt damit ein Zeichen für die Öffnung zum unruhig gewordenen östlichen Teil Deutschlands, trifft damit wohl mitten in die Sehnsuchtswünsche vieler Ostdeutscher.

1985/86 nutzt Michail Gorbatschow Kontaktbesuche bei der DDR-Regierung, um Reformen anzumahnen. „Wer zu spät kommt, den bestraft das Leben." Für seine eigenen Parteigenossen kam er wohl zu früh. Die Öffnung nach Osten, besonders zu den Russen, brachte alte Feindbilder zu Fall. So waren sie nicht mehr „Mongolenheere", die Brände legten und Frauen vergewaltigten. Hinter dem kriegerischen Blick werden Menschen sichtbar, die europäische Werte in ganz unterschiedlicher Ausprägung lebten. So wurde ich neugierig, neue Erfahrungen auch mit unseren östlichen Nachbarn zu machen.

1986 erschüttert die Reaktorexplosion in Tschernobyl die Welt. Wolken tragen atomaren Regen über das restliche Europa. Jeden Tag fast stündlich Meldungen, die zur Vorsicht mahnen: Fenster geschossen halten, im Freien keine Bodenberührung, Freilandobst und Gemüse zu hoch verstrahlt.

Dann wurde es heiß, sehr heiß. Die Menschen wollten die Sonne genießen. Die Rasenflächen im Westpark sind voll besetzt. Eine junge Familie hat ihr Baby bäuchlings ins Gras gebettet zum Schlafen!

Im Juni zur Zeit der Mitternachtssonne werde ich in Helsinki zu einem besonderen Essen eingeladen: Vorspeise roher Rentierschinken, Hauptgericht Rentierbraten, Nachspeise Waldfrüchte – alles hoch verstrahlt.

Einige Jahre später starre ich ungläubig ins Fernsehbild, während in Leipzig sich montags abends Menschen mit Kerzen zusammenfinden. Einige Montage später skandieren sie: „Wir sind das Volk."

Russische Panzer rollen in Stadtnähe, um die Aufmärsche zu beenden. Niemand wusste, was geschehen würde, viele rechneten mit einem Blutbad. Hunderte flohen in die deutsche Botschaft nach Prag. Das einzementierte System geriet ins Wanken.

Am 9. November 1989 brachen die Dämme. Nach einem langen Arbeitstag treffe ich gegen 22 Uhr zuhause ein und will nur noch ins Bett. Ich drücke dann doch noch den Fernsehknopf. Das ganze Bild ausgefüllt von jungen Menschen, die auf einer Mauer stehen – auf der Mauer, die Ost- und West-Berlin trennt.

Oh! Wie gefährlich und leichtsinnig dies doch ist. Zu meiner Verwunderung wird nicht geschossen; es fahren keine Panzer auf. Vom Osten her Rufe: „Die Mauer muss weg!"

Am nächsten Tag sind die Grenzübergänge geöffnet. Trabi-Karawanen fuhren über den Kurfürstendamm. Die Westler begrüßten ihre östlichen Nachbarn herzlich und nicht nur mir flossen die Tränen.

Die politischen Entwicklungen der 80er Jahre veränderten mein Denken, meine Haltung zu den demokratischen Strategien und persönlichen Ambitionen mancher Politiker grundlegend. Ich hatte das Vertrauen verloren, dass die Politiker weiterhin an Gemeinschaft fördernden Werten festhalten und zum Wohl der Volksgemeinschaft tätig sind.

Mechthild Schade

Deutsch-deutsche Begegnung in Samarkand

Samarkand, den 20. August 1986

Nach dem Abendessen stehen wir in kleinen Grüppchen vor dem Hotel, auf der staubigen Straße, mitten in Samarkand. Die Hitze des Tages ist überstanden, und wir genießen den Anblick der prächtigen Moscheen im Abendlicht.

Wir, das sind zwanzig Mitglieder des Eifel-Vereins Düren-Land, auf Studienreise nach Kasachstan/Usbekistan. Außer uns ist noch eine Besuchergruppe aus der DDR im kleinen Hotel untergebracht. Aber da die Mahlzeiten in getrennten Räumen serviert werden, kommt es nicht zu persönlichen Kontakten.

Plötzlich höre ich deutsche Worte mit Berliner Zungenschlag dicht hinter mir. Es geht um Durst und Erfrischungen, und ungefragt mische ich mich ein: „Unten in der Bar gibt es köstlichen Kirschsaft." „Mag sein", lässt sich eine männliche Stimme hören, „aber wir sind aus Ost-Berlin." (Soll heißen, ohne DM). Als ich mich umdrehe, stehe ich zwei jungen Leuten gegenüber, die etwa 20 Jahre alt sein mögen. Der hochaufgeschossene, schlaksige Mann in Jeans sieht mich freundlich an, und seine Begleiterin nickt zustimmend. Das Mädchen dürfte etwas jünger sein und erinnert mich an die legendäre Lara aus Dr. Schiwago. Auffallend schlicht und schön ist sie, mit strahlend blauen Augen und einem dicken, flachsblonden Zopf. In wenigen Minuten erfahre ich mehr: Nein, sie wohnen nicht im Hotel, sind allein unterwegs. Heute wollen sie in ihren Schlafsäcken im Innenhof der Medrese (Koranschule) nächtigen. Anfangs waren sie mit einem Urlaubsvisum bis ans Schwarze Meer gekommen und beschlossen dann, die Reise in Eigenregie fortzusetzen. Irgendwie hatten sie immer eine Mitfahrgelegenheit gefunden und wurden in Baku von der Polizei aufgegriffen. Aber Moskau war weit, und so wurden sie nach drei Tagen wieder freigelassen. Und nun

119

hatten sie es tatsächlich bis nach Samarkand geschafft. Wie ich die beiden beneidete! So ein Abenteuer! Während ich (doppelt so alt) brav hinter dem Reiseleiter hertrottete!

Zwei Tage später – ich traue meinen Augen nicht – laufen uns die beiden in Buchara über den Weg. Jetzt lassen wir uns auf einem dieser niedrigen, mit Teppichen belegten Holzgestellen nieder und genießen eine Schale mit grünem Tee. Nun werden die Gespräche persönlicher. Johannes ist eigentlich Ingenieur, verdient seinen Lebensunterhalt jedoch in der Altenpflege. Dadurch ist er gesellschaftlich unauffällig und hat eine Nische gefunden, in der er mehr Freiraum für sich persönlich gewinnt. Zusammen mit Freundin Cora stellt er kunstvolle Schwarz-Weiß-Fotos her, die sie für Collagen verwenden und in privaten Räumen bei Gleichgesinnten ausstellen.

Als unser Reiseleiter zum Aufbruch drängt, haben wir bereits unsere Heimatanschriften ausgetauscht.

Januar 1987

Von Johannes kommt ein trauriger Brief. Er ist untröstlich, dass Cora ihn verlassen hat. Nach einem Opernabend mit anschließendem Barbesuch waren die beiden einem Fernsehteam aus Wiesbaden begegnet. Einer der Kameramänner verliebte sich Hals über Kopf und machte Cora wenig später einen Heiratsantrag. Eine Eheschließung war damals die beste bzw. einzige Möglichkeit, die DDR verlassen zu können.

Seinem Schreiben hatte Johannes ein Portrait von Cora beigelegt, das er in noch glücklichen Zeiten aufgenommen hatte.

Sechs Wochen später

Februar 1987

Die im Rheinland schulfreien Karnevalstage hatte ich schon mehrfach für eine Kurzreise nach West-Berlin genutzt. Am Rosenmontag allerdings mussten meine Freundin und ihre achtjährige Tochter in die Schule, und die Museen waren geschlossen. Daher bot sich dieser Tag für einen Besuch in Ost-Berlin an.

Dieses Mal fragte ich mich, ob ich nicht Johannes treffen könnte. Also teilte ich ihm in einem Brief kurzfristig mit, dass ich mich am Montag von 11 bis 13 Uhr im Restaurant Lindenkorso aufhalten würde. Vielleicht, ganz vielleicht, habe er ja die Möglichkeit, in dieser Zeit einen Kaffee mit mir zu trinken?

Rosenmontag, 8.30 Uhr

Der Übergang vom S-Bahnhof Friedrichstraße nach Ost-Berlin kommt mir heute besonders unangenehm vor. Mit bundesdeutschem Pass hat man eigentlich keine Probleme, ein Tagesvisum zu bekommen. Aber das Warten an der Kontrollstelle auf dem Bahnsteig macht zunehmend nervös: Jeder erhält eine der Nummern, die in beliebiger Reihenfolge aufgerufen werden. Daher muss man konzentriert lauschen, wann man selbst an der Reihe ist. Ein Sprechkontakt untereinander wird auf diese Weise verhindert. Als ich schließlich meine Nummer vernehme, eile ich zum Schalter, um den Zwangsumtausch von 10.– DM zu erledigen. Dann wird mir das Tagesvisum ausgehändigt, und ich begebe mich zur Gepäckkontrolle. Da ich nur eine Umhängetasche trage, glaube ich, schnell passieren zu können. Zu meiner Verwunderung werde ich aufgefordert, den Tascheninhalt auf dem Tisch auszuleeren, also Brieftasche, Geldbörse, Schlüssel und Papiertaschentücher. Nicht genug damit: Die Beamtin öffnet jedes Innenfach der Tasche, ohne eine Miene zu verziehen, geschweige denn eine Erklärung abzugeben. Die wenigen kleinen Geldscheine scheinen nicht besonders zu interessieren, aber sie entfaltet jedes Papier: Kassenbons, Einkaufszettel, Quittung von der Reinigung, jedes Taschentuch. Dann die Frage: „Haben Sie keine Geschenke?" Nein, hatte ich nicht. Die Idee war mir gar nicht gekommen. Inzwischen ist meine Geduld am Ende und mein Unmut gewachsen. Was sollte diese Schikane? Das war dann wohl mein letzter Besuch in der Hauptstadt, denke ich. Und staune, dass ich dann doch entlassen werde.

Auf dem Weg zum „Lindenkorso" muss ich „Unter den Linden" an der Ampel zwei Fahrbahnen überqueren. Da entdecke ich im Pulk, der mir entgegenkommt, eine Gestalt, die heftig winkt. Johannes! Er fasst meinen Arm und zieht mich in die Gegenrichtung. Nur weg von hier! Wir verlassen die breiten Straßen, und ich folge ihm auf eine Anhöhe. An einem kleinen Platz kehren wir in eine alte Kneipe ein, sein Stammlokal. Während wir uns stärken bei Soljanka und Fruchtsaft, können wir endlich reden. Noch ganz aufgebracht berichte ich von dem merkwürdigen Empfang an der Grenze. Da lehnt sich Johannes zurück, lächelt und sagt: „Das haben Sie mir zu verdanken!" Und er fügt hinzu: „Seit ich einen Ausreiseantrag gestellt habe, wird meine Post geöffnet. Als ich Ihren Brief las, dachte ich: Da wird sich unsere Staatssicherheit aber freuen! Uhrzeit, Treffpunkt, roter Mantel! Nun sitzt der Stasimann vergeblich im „Lindenkorso"!

Johannes meint, man habe den Verdacht auf Spionage gehabt und in meiner Tasche nach Chips bzw. Microfilmen gesucht. Der Rest des Nachmittags verläuft entspannt, und Johannes begleitet mich zurück zum Grenzübergang.

1989/1990
Monate vergehen. Unser Briefwechsel ist spärlich geworden und hört schließlich auf.

Dann der Mauerfall im November! Unvermutet und unglaublich wie ein Wunder!

Im Februar spaziere ich durch Berlin-Mitte und gehe hinauf zum Prenzlauer Berg. Vor dem Haus Nr. 57 bleibe ich stehen und studiere die Namensschilder am Eingang. Kein Hinweis auf Johannes. Was wohl aus ihm geworden ist?

Roland Herzig

Römer und Germanen

Nun endlich, nach vielen geträumten Zeiten, rückte der Termin nach Rom zu fliegen immer näher, und die geliebten Vorstellungen bekamen ihr realistisches Gegengewicht.

Blitzlichtgedanken: Rom, die „Ewige Stadt", die Stadt der Kultur, Bauten wie der Trevibrunnen, das altrömische Forum Romanum, das Kolosseum, große Philosophen wie Vergil und Seneca, die Stadt der Imperatoren Caesar, Augustus und Tiberius, und die Stadt der Päpste Julius, Alexander bis zu unserem heutigen Francesco. Der ewige Segen „Urbi et Orbi", auf dem Petersplatz an die Menschheit entsandt, eine Stadt mit Vergangenheit, deren Macht Völker und Menschen veränderte, Träume zerbrechen ließ. Hoffnungen fanden in den Augen der Zuversicht eine neue Heimat.

Kinderfantasien stiegen in mir auf, ich sah Schwerter, Rüstungen, Kreuze, Sklaven, Helden, Märtyrer und ruhelose Seelen.

Der Flug von Köln/Bonn nach Ciampino war nach ca. 1½ Stunden beendet. Unser Ziel, ein Zimmer unmittelbar in der Nähe des Vatikans, hatte etwas Standfestes und Bodenständiges.

Ich liebe es, wenn ich genau weiß, wo ich hingehöre.

Ankunft, Regen in Rom. Na, was kann Gefühle mehr in das Denken versetzen als schlechtes Wetter.

Taxi, Taxi, also ja, Taxi …

„Sie sollten lernen, sich in eine Reihe zu stellen und zu warten wie wir", raunte mir jemand in englischer Sprache von der Seite ins Ohr, wohl wissend, dass mein Italienisch mehr in einem Sprachlexikon beheimatet war als in meinem Kopf.

„Grazie", hörte ich mich dennoch sagen, drehte mich zu meiner Monika um und zeigte mit dem Finger, „komm wir müssen uns dort anstellen".

Es dauerte halt seine Zeit, doch dann waren wir an der Reihe. Mit „Buon giorno!" und „Prego!" wurden wir begrüßt … endlich unser Taxi.

Nachdem unser Gepäck im Kofferraum verstaut war, setzten wir uns, und los ging es.

Die Fahrt begann, Musik im Autoradio, ein mit den Fingern auf das Lenkrad klopfender Taxifahrer und die Erwartung, gefragt zu werden, na, was wollen Sie in Rom, was wollen Sie sehen, besichtigen, wo gehen Sie essen. Ich könnte Ihnen empfehlen und … und … und.

Stattdessen Schweigen, das nutzlose, zeitfressende Element meiner Ungeduld.

In meinem Kopf drehten sich Fragen, mein Blut pulsierte. Doch die heroische Körperhaltung meines Nachbarn verunsicherte mich so, dass meine Absicht, den Dialog zu wählen, im Katalog der unerfüllten Wünsche aufgeschrieben blieb.

Langsam schauten meine Augen heimlich nach links.

Der Taxifahrer war eine Mischung aus Alltagspudel und Pfingstochse.

Abgesehen von seinen mit Brisk gefetteten Haaren, schlug mir bei jedem Atemwechsel ein Geruch von unverdauten Speisen hinter Zahnbrücken entgegen.

Vielleicht deswegen die nichtsprechende Disziplin, der harte Gesichtsausdruck, der jede Konversation keimfrei hielt.

Fordere ihn heraus, zwinge ihm ein Gespräch auf, schaue ihm einfach in die Augen. Nur, mein Unbehagen ließ auch das nicht zu.

Wellen der unsicheren Sicherheit beflügelten meinen Verstand.

Fordere du mich doch heraus, Taxifahrer, ich werde bestehen.

Ziehe ruhig dein Schwert. Ich atme tief durch und spanne meine Muskeln an und werde mich dir in den Weg stellen.

Ein römischer Held trifft auf germanische Willenskraft, jede Epoche schafft neue Helden.

Nicht zur Seite schauen, ihn anschauen, nur nach vorne blicken, in die kreischenden und quietschenden Straßen von Rom.

Sein Gefährt lenkte er wie ein Wagenführer im Circus Maximus. Jede Lücke wurde gnadenlos von seiner Fahrkunst gefüllt und mit permanent gestikulierenden Handbewegungen versuchte er, sein bereits vorgelegtes Tempo noch rhythmischer zu unterstützen.

Was ist das denn? Unüberhörbar, doch wortbegabt, rollte er vergnüglich ein „pronto" auf seiner Zunge. Er bestand waghalsige Kurventechniken, links vorbei, rechts vorbei, Straßenseite wechseln. Atemberaubende Stunts, live on the road.

Ich lächelte beeindruckt, blinzelte wieder etwas zur Seite …

Du willst mit mir nicht sprechen!

Du willst nicht mit mir sprechen?

Du willst also tatsächlich mit mir nicht sprechen?

An der nächsten Ecke bog er rechts ab, ich sehe das Hotel, den Namen der Unterkunft groß über der Tür.

Ich schmunzelte in mich hinein, stieg aus und fing an, natürlich langsam, die aufkommende Ruhe zu genießen …

Claudia Peter

Auf dem Rad durch meine Stadt

Der Duft des Kaffees
der grüne Tisch
ohne Gestern, ohne Morgen
die Gedanken der Nacht
vernebeln das Heute
Verlorene Stadt
brüchige Fenster
der Moder des Vergangenen
durchzieht die Straßen
Ein Augenblick meines Lebens

Annemarie Priem

Der Ort …

wo ich aufwuchs in Gärten, auf den Feldern, der Straße
wo wir Sauerampfer aßen beim Mutter-und-Kind-Spiel
wo es im Kuhstall heimelig war und auf der Strohmiete luftig hoch
       und verboten
wo ich Rumpelstilzchen war und die Prinzessin auf der Bühne im Hof
wo ich in den gestauten Bach fiel und fast ertrunken wäre
wo im lauwarmen Backofen die frisch geschlüpften Küken trocken wurden
wo in vielen Nächten der Alptraum von Krieg und Tieffliegern zurückkam
wo ein Fremder hereinkam, der mein Vater war, und es Zeit brauchte, bis
       wir uns wieder vertraut waren
wo wir den Löwenzahn stachen für die Kaninchen
wo die Kirche nah war und das Krankenhaus, in beidem war ich zu oft
wo ich Kerzen anzündete und auf Knien lag, weil sie so krank war, meine
       Mutter
wo ich im Himbeerläubchen saß und las und mich nicht rufen ließ
wo ich neugierig war auf die Welt hinter der Enge des Dorfes
wo die Bücher meine Lehrer waren, meine Freunde, meine Schlüssel hinaus
wo die Jungs mir nachpfiffen, als mir ein Busen gewachsen war
wo die Maiandacht ausfiel, weil wir Hand in Hand gingen entlang der
       Friedhofsmauer
wo mein Pferdeschwanz flog beim wirbelnden Walzer des Schützenfests
wo ich glücklich war und sooo unglücklich
wo ich viel zu schnell, im Ernst, erwachsen wurde
wo meine Hochzeitsglocken läuteten und ich „ja" sagte zu dem fast Fremden,
       mit dem ich wegging
wo ich immer noch ein Zuhause habe, das Grab meiner Eltern im Schatten
       der alten Kirche
und es immer noch weh tut, dass jetzt Fremde wohnen im Haus meiner
       Kindheit!

Christina Jansen

Spaziergänge

Oh, wie schön ist Deine Welt

Seit Jahren vermisst, ersehnt, starte ich zu meinem Lieblingsspaziergang, nun will ich es wagen. Werden Beine und Füße genügend Stand-, Geh- und Bewegungsfähigkeit haben?
Auf geht's!
Busstopp auf der Brücke am Campus, der Fuß ertastet die Tritttiefe beim Ausstieg. In mir eine Stimme als Begleiterin: „alte Frau". Kein Gehweg auf dem neuen Campusboulevard; Forschungsinstitute; Fertigungshallen; sogenanntes Cluster an der Forckenbeckstraße.
Die Wildwiesen sind verschwunden.
Die Sonne brennt auf den Asphalt und meinen erkalteten Winterrücken.
Sie spiegelt sich auf breit geschwungenen Vogelflügeln: startklar, keine Federn. Stahl in Betonboden fest verankert. Niemals wird er fliegen. Kunst am Bau.
Freudig strebe ich der Hügelkuppe entgegen. Bald werde ich den Ausblick genießen können, der heimatliche Gefühle auslöst. Vor mir breitet sich das hügelige Tal aus, windschiefe Zäune und Bäumchen zwischen saftigem Grün, Buschwerk. Hohe Pappelreihe mit reichlich Mistelbüscheln bestückt. Kopfweidenallee auf dem gegenüberliegenden Höhenzug, unterbrochen durch eine Laubbaumansammlung, dem darunter liegenden Bauernhof Schutz zu bieten.
Gerade versuche ich die Grünabstufungen zu zählen, vertiefe die Eindrücke, atme sie ein – eine Baumsäge durchschneidet die Stille.

Hügelabwärts – ein Wirtschaftsweg, mein Testgelände

Kiesel unterschiedlicher Größe, Schotter, festgetretene Steine, vom Morgentau feucht, glatt und spitz.

Jede Schrittabfolge ertasten, sichern, festen Halt suchen ... problemlos erreiche ich den Talgrund.

Freudiges Durchatmen, es ist geschafft – ich gehe, aufrecht und sicher. Rast auf der kleinen Brücke über dem Wildbach, der ruhig, fast mit stehendem Wasser gefüllt scheint, glitzernde Oberfläche wie sonnenbeschienene Silberplättchen, zaghafte Vogelstimmen am Uferrand. Einige Meter weiter staut ein natürlich geschaffenes Hindernis den Lauf. Astwerk, Steinquader durchbrechen das Fließen, das Wasser gurgelt, springt, drängt und rauscht: vorwärts.

Bald erreiche ich den Quelltopf Sept Fontaines, bereits ein Heiligtum der Keltenzeit. 80 Liter Wasser pro Sekunde quellen lautlos an die Oberfläche. Hier am Ufer: eine 1000-jährige Ansammlung von Bauernhöfen aus Kaiser Karls Zeiten, die die Versorgung des Hofes sicherten.

Weiter auf einem weniger steinigen Pfad zwischen Hügel- und Weißdornhecken bis zur Einmündung in den Rabentalweg. Dort spiegelt sich eine weiß schillernde, riesige Dolde – kein Flieder, ein Baum – im hellen Grün-Grau des Weihers. Es müssen nicht die Spiegelungen auf den Gletscherseen Neuseelands sein. Hier ist der Ausblick weniger klar, gedämpfter, weicher, romantischer.

Rabentalweg

Wie ein Rinnsal versickert das Wasser, wird schlammig. Mir stockt der Atem, ich verhalte den Schritt, der Körper versteift, die Blicke verengen sich auf ein Naturschutz-Schulprojekt „Kleiner Weiher", auf dem die Enten schwimmen, springende Hunde im Wasser (verboten). Eine Kulturwüste drängt sich aufs Gemüt, der Eindruck gemildert durch Rasenbänke, Insektenhotels, Anpflanzung von Obstbäumchen zur Geburt eines Kindes. Kaiser Karls Kräutergarten neu angelegt von einem Freundeskreis des Botanischen Gartens, nach entsprechender Landgüterverordnung aus dem 8. Jahrhundert.

Gut Melaten war im Mittelalter eine Leprastation, vor Jahren teilweise saniert, so auch die Umrisse der Kapelle, dahinter ein Vierkanthof an der ehemaligen Via Regia, der Königstraße, die von Frankreich in den Osten ging (heute parallel zur Bundesstraße 1). Um die Jahrtausendwende erfolgten Ausgrabungen auf dem benachbarten Friedhof. Die Forschungsteilnehmer mussten bei den Grabungsarbeiten eine schriftliche Erklärung abgeben, dass sie über die Risiken informiert waren, über mögliches Aktivieren von Krankheitserregern.

Erregte Bürger beschwerten sich zeitweise über die Tierversuchsstationen, die in den Ställen untergebracht waren vom benachbarten Großklinikum (Unikum unter Denkmalschutz). Denk mal: ein hochtechnisiertes Geschäftsmodell – geplant, gebaut, vermarktet auf dem Grundstück neben dem ehemaligen Pestkrankenhaus.

Füße und Beine werden schwer, entschieden gehe ich vorwärts, am höchsten Punkt endet der Rundgang neben einem 5-stöckigen, stahlgerippten Parkhaus, auch tagsüber hell beleuchtet, leer. Nach dem Überqueren des vierspurigen Außenrings erwartet mich „mein grüner Hügel" mit kleinteiliger Bebauung, ein Wohnviertel.

Ein Blick auf die Uhr: Verblüfft und erfreut stelle ich fest, ich habe nur 15 Minuten länger gebraucht als vor 40 Jahren. So starte ich mit sicherem Gefühl in den Sommer.

Am 3. Oktober 1990 tritt die DDR der Bundesrepublik bei und das vereinte Deutschland erhält seine **Souveränität zurück.**
Bund und Länder schließen einen Solidarpakt. Seit 1991 gibt es einen Solidaritätszuschlag, um die Unterschiede aus 40 Jahren Trennung auszugleichen.
1999 wird Berlin nun auch Regierungssitz: Bundestag, Regierung und ein Großteil der Ministerien zieht von Bonn nach Berlin.

Europa mit der Europäischen Union wird zum zentralen Bezugspunkt für die Bundesrepublik und der europäische Integrationsprozess wird beschleunigt durch den **Maastrichter Vertrag von 1990/91,** der zur **Grundlage einer wirtschaftlichen Zusammenarbeit** wird mit dem Plan einer gemeinsamen Währung, einer Reform der Agrar- und Strukturpolitik, einem zukünftigen europäischen Beschäftigungspakt und der Festlegung des Finanzrahmens der EU. Außerdem geschieht eine Einigung über Instrumente und Verfahren einer gemeinsamen Außen- und Sicherheitspolitik.
Deutschland hat ein zentrales Interesse an diesen integrationspolitischen Herausforderungen. Das hat mit der unmittelbaren Nachbarschaft zu den mittel- und osteuropäischen Ländern zu tun, mit der Exportabhängigkeit der deutschen Wirtschaft und mit den Lehren aus der deutschen Geschichte.

1992 zerbricht der Vielvölkerstaat der Sowjetunion in 15 neue Staaten.
1991–1995 erfolgt der Zerfall Jugoslawiens und es geschehen Massaker in Sebrenica, in denen bosnisch-serbische Milizen 8000 muslimische Jungen und Männer ermorden.

Erstmalig nach dem 2. Weltkrieg ist wieder Krieg auf europäischem Boden. Die NATO fliegt Luftangriffe mit Beteiligung der BRD. Nach sehr heftigen Diskussionen im Bundestag gibt die Mehrheit aller Fraktionen grünes Licht für die Beteiligung an dem NATO-Einsatz.

Nach dem Friedensabkommen wird eine UN-Schutztruppe stationiert.

Als **1998** die jugoslawische Armee im **Kosovo** gegen albanische Milizen und Zivilisten vorgeht, erfolgen wieder NATO-Luftangriffe und nach dem Rückzug der Serben wird eine NATO-Schutztruppe auch in den Kosovo gesandt. Nach einem Abkommen übernimmt Deutschland viele Flüchtlinge und sorgt auch für eine sozialverträgliche Rückführung.

In Den Haag wird ein **internationaler Strafgerichtshof mit einem Kriegsverbrechertribunal für Jugoslawien** gegründet. Nicht Völker, sondern Personen sollten verurteilt werden. Das serbische Staatsoberhaupt Milosevic wird noch während seiner Amtsausübung wegen Völkermordes angeklagt und von seinem Nachfolger Zoran Sdindic 2001 verhaftet und an das Tribunal nach Den Haag ausgeliefert. Er stirbt noch vor dem Abschluss des Verfahrens an Herzversagen.

1990 wird Nelson Mandela nach 27 Jahren aus dem Gefängnis entlassen. Der Tag markiert das Ende der Apartheid. 1994 wird er in den ersten demokratischen Wahlen des Landes zum Präsidenten von Südafrika gewählt.

Der Wertewandel in Verbindung mit der Verbesserung der Lebensbedingungen und der Steigerung des Lebensstandards, die Verkürzung der Arbeitszeit und der größere finanzielle Spielraum bringen es mit sich, **dass das Leben des Einzelnen in der Bundesrepublik** nicht mehr allein von Bildung, Berufsstatus und Einkommen abhängig ist, sondern auch **durch die *Wahl* eines individuellen Stils bestimmt** wird.

Der orientiert sich stark an Konsummustern, der Musik, den Geschmackspräferenzen in der Kleidung oder der Einrichtung, den Freizeitaktivitäten und den Werten ganz bestimmter „Untergruppen". Die „Work Life Balance" wird ein Thema besonders der jungen Generation.

Der **Tourismus** boomt. Bezahlbare **Fernflüge, Charterflüge und Pauschalreisen** eröffnen der breiten Masse neue Ziele. Zu dem Jahresurlaub werden nun vermehrt Kurzurlaube zur Gewohnheit.
Der große Nachholbedarf der Bewohner der neuen Bundesländer führt nochmal zu einem besonderen Schub für die Tourismuswirtschaft.

Seit der **UN-Weltfrauenkonferenz in Peking 1995** geht es nicht nur um „frauenspezifische" Probleme, sondern man hat die Geschlechter allgemein im Blick. Mit dem Begriff **Gender,** der das soziale und psychologische Geschlecht einer Person meint, bzw. mit der Strategie „**Gender-Mainstreaming**" wird die **Förderung der Gleichstellungsorientierung der Geschlechter zum erklärten Ziel der Europäischen Union.**
Die Tatsache der Massenvergewaltigungen von Frauen während des Jugoslawienkriegs beschleunigt zusätzlich den Prozess und führt **1997** zum **Vertrag von Amsterdam. Damit wird der Staat in die Pflicht genommen,** aktiv **tätig zu werden bei der Durchsetzung einer sensiblen Geschlechterperspektive** in allen sozio-politischen und wirtschaftlichen Bereichen.
Seit 1997 ist in der BRD das Recht auf sexuelle Selbstbestimmung in der Ehe im Recht verankert. Die **Vergewaltigung in der Ehe wird strafbar.**

Seit der Bundestagswahl 1998 regiert die **SPD mit Gerhard Schröder** als Bundeskanzle**r zusammen mit dem Bündnis 90/Die Grünen** und **mit Joschka Fischer als Außenminister.**

Christina Jansen

Momentaufnahmen einer Reise in die neuen Bundesländer

Im Frühsommer 1990 startete ich mit einer neuen Bekannten in Schleswig Holstein Richtung ehemalige Zonengrenze. Bei einer kurzen Rast traute ich meinen Augen nicht: Versteckt in einem kleinen Wäldchen zelebrierten junge Männer ein Weiheritual. Auf einem Tisch lag die Hitler-Fahne, ausgebreitet wie auf einem Altar. Darauf riesige Messingleuchter. Der Anführer, ein arischer Heldentyp, sprach leise in sakralem Ton. Wem huldigten sie? Dem millionenfachen Tod oder ihrem neu aufstrebenden Leben als zukünftig Herrschende? So hatte ich mir die Erkundung nicht vorgestellt. Gewöhnt an Politiker, wohlgesittet, mit guten Absichten für das Volk, war die direkte Begegnung mit Neo-Nazis sehr verstörend.

Vorbei an Schwerin nach Plau am See, einem touristischen Ort. Die angepriesenen Blockhütten vor einem verwilderten dunklen Waldsee. Die Schlüssel waren im Konsum zu holen. Doch dort, vor leeren Regalen, wies uns die Verkäuferin ab. Schließlich half uns eine Kundin. Sie empfahl uns eine junge Familie in neu gebautem Haus.

Die junge Frau entschuldigte sich, es sei wohl „für Westler nur ein Notbehelf", was nicht den Tatsachen entsprach, eine kleine Wohnung im Souterrain. Durch das Dorf fahren Westlastwagen, um Möbel aufzukaufen oder sich schenken zu lassen. Besonders beliebt war das Straßenpflaster. Die Dorfbewohner verschenkten auch dieses. Obwohl der Ehemann als Maurer auf Sylt arbeitete, war ihnen nicht bewusst, wie wertvoll und teuer diese Natursteine gehandelt wurden. Ihre Energie wurde gebraucht, um ihr Elternhaus einzuklagen. Es war enteignet worden. Den ortsansässigen Juristen trauten sie nicht – SED-Kader; dann eher gerade angereisten West-Rechtsanwälten.

Weiter zur Mecklenburgischen Seenplatte durch große Laubwälder mit altem Baumbestand. Spontan dachten wir, hier sollte ein geschützter Naturpark entstehen. An einem kleinen Wirtshaus am See in fast stillster Abgeschiedenheit Schüsse. Zwei Männer in Tarnanzügen, Pistolen im Gürtel, traten aus dem Wald. Die Volkspolizei war doch aufgelöst? Für uns erschreckend. Für die Wirtsleute offensichtlich vertraut.

In Waren-Müritz endlich ein ansehnliches Ziel. Unterhalb des Schlosses pittoreske Fachwerkhäuser, teilweise saniert, teilweise zerfallen. Der Straßenbelag mit tiefen Schlaglöchern, doch begehbar. Die angepriesenen Fahrradwege reine Stolperfallen. Im Hotelrestaurant Tellergerichte auf Krümeldecken. Dafür die Preise auf Westniveau. Die Kellner arrogant.

Auf dem Weg nach Rügen auffallend gepflegte kleine Dörfer um alte Kirchbauten, wie sie auch in Friesland anzutreffen sind. Menschenleer verschlafene Ruhe. Im Ostseebad Sellin der Besitzer der „Seebrücke", dem einzigen funktionierenden Café am Ort, ein Südamerikaner. Zu kaufen waren Camel Zigaretten.

Während einer Erholungspause berichtete meine Bekannte aus ihrem früheren Leben. Sie war eine strenge Anhängerin der Nazi-Ideologie gewesen. Mein Entsetzen musste ich zeitgleich mit dem Brechreiz herunterschlucken.

In Templin, Brandenburg, in einem Eiscafé wird ein junger Mann im T-Shirt mit verbotenem Reichsadler-Aufdruck genau so freundlich begrüßt, wie jeder andere Gast. Alle, auch wir, ignorierten die Gesetzesübertretung und schwiegen. Mein Bauch rebellierte, alte Ängste stiegen auf.

Bei der Weiterfahrt in südlichere Gegenden veränderte sich mit der Landschaft auch die Bevölkerung. Der Spreewald war bereits fest in touristischer Hand und die Ortsansässigen um wirtschaftlichen Aufstieg bemüht. In Quedlinburg besuchten wir eine Welt des Mittelalters. Dann erholten wir uns in den thüringischen Wäldern. Wir genossen das neu erbaute Thermalbad in einem kleinen Dorf, noch ohne touristische Infrastruktur.

In Gotha buchten wir über das Informationsbüro der Stadt eine Privatpension, „die beste" zu Füßen des Schlosses, in dem sich eine der größten Sammlungen niederländischer Kunst befindet. Schloss und Galerie ohne Besucher. Die gesamte Anlage im Dornröschenschlaf, den wir in dem empfohlenen Gründerzeithaus inmitten einer Apelbaumwiese genießen wollten.

Ein junger Mann, hoch gewachsen, elastischer Schritt, führte uns durchs Treppenhaus in den zweiten Stock, „wo früher die Großeltern gewohnt hatten".

Im Treppenhaus traute ich mich weder rechts noch links zu schauen. Militärische Devotionalien aus den Kriegen 1780 und 1914 bis 1918. Und wie selbstverständlich nahmen die Hinterlassenschaften des „Dritten Reiches" einen breiten Platz ein. War es ein Museum? Eine Demonstration der politischen Einstellung? Der junge Mann lächelte stolz.

Christel Kiefer

Wie geht deutsche Einheit?

Der Autohandel „erobert" den Osten. Wir, mein Geschäftspartner und ich, arbeiteten für den deutschen Importeur einer japanischen Automarke. Unser Auftraggeber war der Meinung, dass ich die Seminare für die neuen Händler aus dem Osten machen sollte. „Frauen können besser integrieren", sagte er. Und unsere „kleine Lehrerin", wie er mich liebevoll väterlich nannte, kann das besonders gut. Ich schätzte ihn sehr, von niemand anderem hätte ich mir das gefallen lassen.

Das Seminarhotel lag im Westen und war klein und nobel. Die Zimmer vermittelten den Eindruck, dass es dem Haus wichtig war, dass die Gäste sich wohlfühlten. Kleine Annehmlichkeiten, wie ein frischer Blumenstrauß, eine Obstauswahl mit kleinen Tellern, Besteck und Servietten, ein Tablett mit stets neuem Mineralwasser, gehörten ebenso zur Zimmerausstattung wie Bademäntel, Hausschuhe und kleine Zusatzkissen im Bett. Der Restaurantleiter, seine Service-Mitarbeiter und das gesamte Personal waren gut ausgebildet – „Österreichische Schule" –, wie sie gerne betonten. Die Küche erstklassig. Der Empfang professionell und angemessen, nicht übertrieben freundlich. Das Haus lag am Rande eines Parks – ideal.

Und dann kamen sie, die „neuen Osthändler". Ich war neugierig darauf, wie sie aussahen und vor allem, wie der Klang ihrer Sprache war. Weil ich es nicht bis zum Abend aushalten konnte, saß ich mit einem Tee und einer Zeitschrift in der Nähe des Empfangs. Mir fiel auf, dass einige als Paare anreisten. Waren das mitarbeitende Ehefrauen, oder hatten die Herren ihre Frauen als Reisebegleiterinnen mitgebracht??? Die Westhändler und ihre Händlerfrauen kamen jedenfalls meistens getrennt in das Chef- oder das Chefinnen-Seminar.

Das Angebot, sich das Gepäck vom Personal aufs Zimmer bringen zu lassen, nahmen sie nicht an. Nicht ein einziges Paar und schon gar kein „Alleinreisender" machte davon Gebrauch. Die Gesichter waren eher ernst. Die Frage, wo sich der Seminarraum befindet, kam noch oft, bevor die

Empfangsmitarbeiter dazu kamen, über die Annehmlichkeiten des Hauses und die Frühstückszeiten zu informieren. Erst als sie erfuhren, dass sie um 19.00 Uhr von der Seminarleiterin zu einem Willkommensdrink im Barbereich und einer kleinen Hausführung eingeladen sind, kam das erste noch etwas zaghafte Lächeln in die Gesichter.

In dieser Woche trafen zum ersten Mal Ost- und Westhändler im gleichen Hotel aufeinander. Absichtlich wurden sie noch nicht gemischt. Ich hatte folgende „Hintergrundinformationen": Der deutsche Importeur verfügte nicht über genügend Neuwagen, um West- und Osthändler ausreichend zu bedienen. Japan konnte nicht so schnell liefern, wie der Bedarf nach der Wende anstieg. Die Westhändler hatten den Verdacht, dass die Osthändler „ihre Autos" geliefert bekamen und vom Importeur bevorzugt wurden. Eine feindselige Stimmung unter den beiden Seminargruppen wurde befürchtet.

19.00 Uhr: Mein Geschäftspartner und ich betraten den Barbereich. Er betreute die Westhändler, die das Hotel und ihre Kollegen schon von ihrem ersten Chef-Seminar kannten. Die Barhocker waren schon von der Gruppe „besetzt", und ein fröhliches Stimmengewirr füllte den Raum. „Meine" Teilnehmer standen verstreut in Zweiergrüppchen oder allein und beobachteten das Geschehen. Während die Herren an der Bar markenbewusste Freizeitkleidung trugen, hatten meine Herren Anzüge mit Krawatten und die Damen Kostüme an.

Ich begrüßte „meine" Menschen, hieß sie herzlich willkommen und stellte mich als ihre Seminarleiterin vor. Ein Service-Mitarbeiter brachte das Tablett mit den Willkommensdrinks, und ich reichte jedem Einzelnen mit einem Lächeln sein Getränk. Die ersten Fragen wurden gestellt und beantwortet, und der kleine Schuss Alkohol entfaltete seine Wirkung. Als alle ausgetrunken hatten, begannen wir die Hausführung. Erste Station: Der Seminarraum. Stühle im Kreis, Tische an den Wänden – fragende Blicke ohne fragende Worte. Weiter ging's mit dem Wellnessbereich, der Bewunderung auslöste und die Frage, ob denn dafür überhaupt Zeit wäre. Zum Schluss das Restaurant und „unser Tisch". Die Gesichter wurden schlagartig ernst. Die Blicke zwischen den Paaren gingen hin und her. Eine der

Frauen trat an meine Seite und sagte leise: „Liebe Frau Kiefer, so viele Gläser, so viele Bestecke, da weiß ich nicht, wie man das macht!" Ihr Gesicht war blass, ihre Augen groß. Ich bedankte mich für ihre Offenheit und bot ihr den Platz gegenüber von mir an, so dass sie schauen konnte, wie ich Besteck und Gläser benutze. Ich erinnerte mich an meinen ersten Eindruck dieser hoch herrschaftlich gedeckten Tische und fragte in die Runde, wie vertraut den übrigen Teilnehmern ein auf diese Weise gedeckter Tisch sei. Die Antworten veranlassten mich hinzuzufügen, dass ich mich auch erst habe „einarbeiten" müssen. Die Grundregel sei: von außen nach innen. Erleichterung machte sich breit, der Bann war gebrochen, die Sympathie meiner Teilnehmer war mir sicher.

Das Seminar machte mir richtig Freude! Die Teilnehmer, aufgeschlossen und dankbar für jede Anregung, waren interessiert und hatten viele Fragen. Sie schrieben sogar mit, was ich von den „Wessis" schon lange nicht mehr kannte.

In den Pausen und am Abend gab es Spannungen zwischen den beiden Gruppen. Die Westhändler machten Bemerkungen wie „Wir wissen genau, wo unsere Autos stehen" oder „Das Bermuda-Dreieck ist neuerdings an Land". Das sagten sie einfach so im Vorbeigehen, laut genug, dass es jeder hören konnte. Schnell entstand ein richtiger Wettbewerb, welche Gruppe ist zuerst beim Mittagessen, welche macht zuerst Feierabend, so als gäbe es zwei gegnerische Mannschaften. Meine „Ossis" fanden die „Wessis" überheblich. Ich war ausdrücklich ausgenommen! Die Befürchtungen des Importeurs traten ein.

Das Thema beherrschte den dritten Abend an unserem Tisch. Meine Frage: „Was würden Sie sich denn wünschen?", leitete die Wende ein. Antworten wie „ein friedliches Miteinander", „gegenseitige Hilfe", „ein einiges Auftreten gegenüber dem Importeur" kamen wie aus der Pistole geschossen. Und auch die Aussage: „Wir wollen doch wieder ein Volk sein!" Dann fragte einer der Teilnehmer leise: „Wer von uns ist in einem Chor?" Drei Männer und eine Frau flüsterten „ich". „Prima!", antwortete er. „Frau Kiefer, welche Volkslieder kennen Sie?" „Kein schöner Land", war meine erste Antwort. Zuerst summte er die Melodie leise, dann stimmte er das Lied an, und schnell sang unsere gesamte Gruppe das Lied. Der „Wessi-Tisch" am anderen Raumende verstummte und hörte zu. Als das Lied zu Ende war, applaudierten sie und stimmten ihrerseits „Am Brunnen vor dem Tore" an. Es ging noch eine ganze Weile hin und her, über „Ännchen von Tharau", „Alle Vögel sind schon da", „Das Wandern ist des Müllers Lust" ... Als dann von beiden Tischen gemeinsam „Ade zur guten Nacht" gesungen wurde, ging ich in der Gewissheit schlafen, dass morgen ein guter Tag werden würde.

Vielleicht hätten wir in Sachen Einheit mehr singen sollen!?!

Christiane Eichler-Magdsick

Königsberg in Kaliningrad, eine Reise in die Vergangenheit

Nach der Sightseeingtour Freizeit. Meine Zeit.
Ich wage mich allein in die fremde Stadt.
Suche das Haus der Eltern.
Verirre mich. Bin mit dem Stadtplan
orientierungslos. Ein Taxi.
Die Sprachbarriere. Abhängig von dem Fahrer?
Zurück zum Ausgangspunkt,
und dann endlich doch auf dem richtigen Weg:
lang, staubig, laut, Feierabendverkehr.
Selten ein Zebrastreifen.
Ampeln zeigen noch verfügbare Sekunden.
Eile ist geboten, die Straßen sind breit.
Die Bürgersteige sind geborsten
abseits vom Platz des Sieges. Aufpassen!
Vorbei am Oberteich, am Roßgärtertor,
am Dohnaturm, der alten, ziegelroten Stadtbefestigung.
Im Park sprüht ein Springbrunnen silberne Funken.
Ich bin auf dem Weg der Eltern aus der Innenstadt
in die Cranzer Allee. Weit oder nah?
Benutzten sie die Straßenbahn?
Wo kauften sie ein?
Heute sind hier keine Geschäfte.
Dort muss die Allee sein. Ich vergewissere mich.
Ja, A.Newskowo.
Eine weitläufige Straße, breite Gehwege.
Wie damals Bäume rechts und links. Linden.
Ich sehe auf einen weiten Wasserspiegel,

das Tor, den Festungsturm. Von dieser Umgebung
hat Mutter nicht erzählt. Nicht von der den See
umrundenden Grünanlage.
Hier zu wohnen, war und ist schön.

Die Cranzer Allee ist lang.
Damals über zweihundertfünfzig Häuser, heute
viergeschossige Häuserblockzeilen.
Einheitlich eintönig aufgebaut vor fast sechzig Jahren.
Vernachlässigt, abgewohnt.
Schmale Vorgärten. Kletten, Disteln, Gestrüpp.
Die Erinnerung an die Fotos von Hans,
dem Cousin, helfen. Ich erkenne den Haustyp.
Sieben Häuser blieben im Bombenhagel stehen.
Fünfundvierzig, siebenundvierzig, neunundvierzig.
Immer noch die alten Hausnummern. Hier
neunundvierzig A. Ein Eckhaus,
das hatte ich vergessen.
Pockennarbig, grau. Die Fenster stumpf.
Dort unterm Dach haben sie gewohnt?
Wie winzig die Gauben sind!
Ein Fenster steht offen. Die Scheibe
ist zerbrochen, der Rahmen hängt schief.
Da unter dem Dach wohnt keiner mehr.
Hier waren sie glücklich.
Die junge Ehefrau stolz.
Eine eigene Wohnung trotz der Wohnungsnot,
denn die Stadt war 1938 voller Militär.
Eine moderne Wohnung mit Zentralheizung
und Frankfurter Küche, der Mutter aller Einbauküchen,
in der Handlungsabläufe rationalisiert sind.
Auf sieben Quadratmetern
hat die Hausfrau alles im Griff. Arbeitserleichterung

für die moderne, die berufstätige Frau.
Noch kein Kühlschrank, keine Waschmaschine.
Doch Margarete hatte einen Staubsauger,
den handlichen Kobold von Vorwerk,
elfenbeinfarben und efeugrün.
Ich stehe und schaue.
Die Straße, das Haus, das Zuhause meiner Eltern.
Die Heimat der Mutter.
Auch die des Vaters aus Cottbus?
Wo du hingehst, da will auch ich.

Dort oben stand schon die Wiege für mich.
Eine Bauhauswiege.
Die zukünftigen Eltern ließen sie nachbauen.
Im Museum sah ich das Original.
Klare Formen. Rechteck, Dreieck, Kreis. Gelb,
Rot, Blau. Klare Farben. Sinnbild für eine geordnete Welt.
Große Holzreifen tragen die Bettkrippe, schwingen,
wenn das Baby sich bewegt.
Im sanften Hin und Her wäre ich hier eingeschlafen.
Dort oben standen in Reih und Glied die Weckgläser
mit Obst und Gemüse. Für mich,
das noch ungeborene Kind.
Dort oben stand Margaretes große Truhe
mit Stoffen für Kinderkleidchen und Kuscheltiere.
Sie war geschickt im Nähen und Basteln.
Dort oben stand das Körbchen von Dackel Strupps.
Dort oben wäre ich zu Hause gewesen.
Ich stehe und weiß nicht wohin.
Angestrengt, erschöpft, verzweifelt.
Schreien? Weinen?
Ich stehe im Staubgetöse,
im Gestank des Abendverkehrs.

Höre keine Sirenen.
Kein Knistern und Brechen.
Sehe keine Feuersbrunst. Keine Trümmer.
Die Stimme der Mutter höre ich.
Mit ihren Erinnerungen
und Bildern deckte sie mich zu.

Ich stehe hier und sehe die Wirklichkeit.
Ein silberner Mercedes, ein schwarzer BMW.
Glanz in der Abendsonne.
Investitionen in Zeiten der Inflation,
würde Swetlana, unsere Reiseleiterin, sagen,
wenn nicht jetzt, wann dann?
Ich gehe um das graue Haus herum.
Buntes Leuchten. Margeriten, Feuerlilien, Gelber Heinrich.
Fröhliche Stimmen. Eine Frau und ein Mädchen jäten.
Sorgfalt. Liebe.
Ich freue mich. Soll ich
die beiden ansprechen? Mit Händen und Füßen?
Ich, die Siebzigjährige, die von ihrer Wiege träumt?
Hans hat damals Kontakte geknüpft.
Ich zögere. Traue mich nicht.
Müde bin ich. Schaue umher, drehe und wende mich.
Eine Generation wächst heran, die das Grauen nicht kennt.

Zurück. Ein paar Stufen hinunter zur Haustür.
Eine braune Eisentür.
Kein Griff. Kein Schloss. Keine Klingel.
Keine Namensschilder.
Auf Augenhöhe eine Tastatur, Zahlen
von Eins bis Neun und BOC. Keine Sprechanlage.
Fremd, geheimnisvoll.
Später erfahre ich:

das codierte Sicherheitssystem russischer Häuser.
Hocken Misstrauen und Angst hinter den Türen?

Ich stehe vor der verschlossenen Tür
zum Haus der Eltern. Vor ihrer Vergangenheit,
die auch hinter der Tür nicht zu finden ist.
Ich trete zurück.
Dunkle Kellerfenster. Dort war der Luftschutzraum.
Dort kauerten sie.
Sirenen wimmern. Bomberverbände
donnern heran. Motoren röhren, heulen.
Mauern zittern angstgetränkt.
Heute fehlen die schwarzen Pfeile an der Wand,
die Hinweise, hier können Menschen verschüttet sein.

Ich gehe über brüchige Stufen, rissigen Asphalt.
Haben die Schuhe meines Vaters diesen Boden berührt?
Dort steht er,
sehr groß, sehr schlank, dreißig Jahre alt.
Anzug. Oberhemd. Silberne Manschettenknöpfe.
Selbstverständlich mit Krawatte.
Kastanienbraunes Haar, nach links gescheitelt.
Sein Gang?
Wie bewegte er sich?
Unsportlich, kein guter Tänzer, eher etwas linkisch.
Die Meinung seiner Frau. Gut aussehend,
auffallend, die Ansicht seines Bruders.
Der Stolz seiner Mutter.
Vorstellungen blühen. Sehnsucht.
Ich lehne mich gegen einen Baum, beginne zu schreiben.

Dieses Haus stand im Luftangriff,
im Feuersturm und Funkensprüh der Hölle.

Zweihundertdreiundvierzig Häuser der Straße brannten.
Fingen die Alleebäume Feuer?
Waren sie Brennholz
in den eisigen Wintern nach dem Krieg?
Denn die Linden am Straßenrand sind später gepflanzt.
Ich sehe das Haus meiner Mutter,
die Fenster ihrer Wohnung. Sie sehe ich nicht.
Ich stehe in der A. Newskowo, sehe in die Gegenwart.
Das Leben fließt.
Hier fingen die sowjetischen Neusiedler an,
hier träumten sie in die Zukunft und
irgendwann sind sie angekommen.
Schwungvoll schreitet ein Paar vorbei.
Mutter und Sohn, untergehakt. Kinder auf Fahrrädern.
Frauen mit Einkaufstaschen.
Helle Haare wehen vorbei, ein Rollschuhmädchen
mit nackten Knien, geschickt und schnell.
Ein Huskyrüde hebt sein Bein.
Langsam mit stolz erhobener Rute entfernt er sich.
Der flauschige Welpe schnuppert
ungestüm hier und dort.
Der Mann mit der Leine raucht
und wartet, die Sonne im Rücken.
Im Rinnstein entdecke ich schwarze Federn,
trocken bleiche Lindenblüten,
zerbrochene Teile einer Taschenlampe,
Buchseiten, kyrillische Schrift. Ich bücke mich,
sammle zusammen. Material für eine Collage.
Der Beweis, ich war hier.
Meine Kreativität.
Freude und Kraft durchströmen mich.

Zurück ist der Weg kürzer.
Leichtfüßig, befreit von der Schwere
eines anderen Lebens zu einer anderen Zeit.
Krieg und Flucht, das war einmal.
Das Vergangene gibt es nicht mehr. Hufe klappern,
ein Ponygespann mit zwei vergnügten, jungen Frauen.
Angler kommen, mit jedem Schritt wippen
ihre langen, elastischen Ruten. Dann ein Paar.
Der Mann schleppt volle Taschen, die Frau
das müde Kind. Sein kleiner Kopf ruht auf ihrer Schulter.

Ingeborg Lehnertz Schröter

BAD-ZIMMER-SEGMENTE

Der Badezuber, die Badewanne, die gläserne Dusche, mein heimliches Reich für verbotene Träume, Telefonate, intime Verrichtungen, Beine schaben, Haaransatz verbergen, Mitesser unter die Lupe nehmen, die Pinzette anwenden, Modenschau auf dem weißlackierten Hocker mit Blick auf den dicken **ARSCH** rückwärts in den großen Spiegel gegenüber ...
Wunderkabinett der schwarz-silbernen „Volumen-Lift-Haarspraydose", Typ extra-starker Halt, besonders leicht auszubürsten, „Florena-Gesichtswasser-bio mit grünem Tee", „Mary-Kay-timewise" in kristallinem Plastikfläschchen à 14 ml, Vergrößerungshandspiegel blinkend, 9-fach vergrößernd, rund auf Metallfuß, „Spezialhandwaschpaste" – entfernt mühelos Fett, Öl, Teer, Harz usw., „Night-sense-Chariton-Eau de toilette" (Geschenk von Georg K.), ein weiß-schmuddeliges „Beurre-de-carité"-Döschen aus Burkina Faso, Marke „Ampo", 2010 selbst den dort kasernierten Waisenmädchen abgekauft, „Falten-Expert-3D-Diadermine-Night" für den Herrn, dem widerständigen Gatten verordnet, Hornhaut-Balsam im Spender „12% Urea mit Teebaumöl", gern genommen, „Intense-white-Zahncreme für Dritte Zähne", der Plastik-Grobzinkkamm in Pink voller Haare, die noch entfernt werden müssen, „Neu-eyeshadow-base R/L" von Yves Rocher, „Bio-Lavendel/Lavande – Füße/Pieds" in Pastell-Rosa mit auberginefarbenem Lavendelblütenaufdruck, silbrig blinkend eine orientalische Schmuckdose unter dem Kommodenspiegel, ein dichtborstiger Halbkugelmond als Pinselquast für das „Alverde-Rouge" in maigrünem Plastikrund, Kneipp-Pflegebad „Gesicht/Bain douceur/Bagno Trattante Mandelblüte, fiori di mandorio", 200 ml, jetzt noch 10 ml, hoch über dem Badewannensims ein vergilbt-verblättertes 80 x 120 cm großes Plakat mit steckdosenschnauzigem, suhlendem rosa Hausschwein und 10 „Scheißregeln", der Schriftzug „Ihre Hinterlassenschaften interessieren keine Sau" über der Wandhalterung für das freischwebende Klossettbecken, in glibbri-

gem Gel eingelegte Rosenblüten im Glas auf dem marmorig schimmernden Fenstersims gegenüber.

FRÜHER:

Beschlagene Fenster vom warmen Badewasser, Schaumberge geschaffen vom kreisenden Whirlpool – die Töchter, die samstagmorgens ihr Mädchenkabinett dort bezogen mit gelben Plastikentchen, später dann blondmähnigen, langhaarzerzausten Barbies ohne Zahl – in Kombination erst der blonde „Ken", dann ein dunkelbraunhaariger „Kevin", die Barbiemänner, während noch später dann rosawolkige „Magic-Hair-Pferdchen" den Rand besiedelten und an den Wänden widerhallende Kinderstimmen in wisperndem Märchentongeraune und plötzlich einbrechender Stille verdampften, schrilles Gekreische bis Gezänk dreistimmig in Mehrtonlage zu hören war, je nach heiß umkämpfter Platzverteilung – mit oder ohne Abflussschraube am Rücken – das ganze Haus erfüllte …

FRÜHER:

Als W I R noch zu zweit in die Wanne stiegen, lächelnd und frohlockend unsere Plätze gegenüber einnahmen – diese Schraube keine Diskussion entfachte, für alles Mögliche und Geheime unsere Zeit uns kostbar war, wir uns jung und sexy fühlten und benahmen, Körperlandschaften gerne gezeigt, befühlt, betrachtet wurden …
Ach! -- Wir Schaumgeborenen! --

Wohin …
sind wir ausgestiegen vom Badewannenrand „**Manhattan Grau**" – ? –

Kaja Lange-Rehberg

Ein Haus ist nicht ein Haus …

Heute kam Besuch.

Die zwei Frauen schellen verabredungsgemäß um 17 Uhr: Mutter und Tochter, die eine 76, die andere 52 Jahre alt. Ich kenne sie kaum, habe aber den Kaffeetisch gedeckt. Kaffee und Kuchen sollen über möglicherweise peinliche Schweigeminuten hinweghelfen.

Sie kommen merkwürdig schnell die steile Treppe zu meiner Wohnung in die erste Etage hinauf und bleiben im winzigen Flürchen vor der Wohnungstür sofort stehen.

„Also, hier war die kleine Toilette", so beginnt atemlos die Tochter, „aber die ist nicht mehr da." Es ist fast so, als warteten sie auf ihr Wiedererscheinen; ich warte mit ihnen. Schließlich geleite ich die beiden hinein und bitte sie, Platz zu nehmen. Es gelingt mir nicht, eine Ausgangsbasis für ein Gespräch am Kaffeetisch zu finden: Sie setzen sich nicht und schauen sich stattdessen mit großen Augen um.

„Aha, das ist wohl Ihr Wohnzimmer", wieder ergreift die Tochter das Wort, „oder eher Esszimmer, nein, das war bei uns die Küche, und von der Küche nach rechts ging es in mein Zimmer", und sie biegt nach rechts um die Ecke, wo sich jetzt meine schmale, längliche Küche befindet.

Jetzt mischt sich die Mutter in das Gespräch ein: „Und dahinter war unser Elternschlafzimmer. Bis hierhin ging das Bett, und darüber hing ein Regal, das hatten wir uns extra von Schreiner Kaesmacher herstellen lassen."

Wir stehen gemeinsam auf der Linie, die einst die Bettkante gebildet hatte, ich vergesse fast, dass wir uns im jetzigen Arbeitszimmer aufgereiht haben. Die Tochter seufzt: „Alles ist woanders und ganz anders bei Ihnen."

Ich fange an, mich sehr unbehaglich und irgendwie schuldig zu fühlen, so als ob ich das altehrwürdige Haus, das ich 1980 kaufte, seiner eigentlichen Bestimmung entfremdet und ihm durch Veränderungen Unrechtes angetan hätte.

Zur zweiten Etage kommt man über eine dunkeleichene Spindeltreppe, die direkt in mein, ja, mein Wohnzimmer führt und genauso alt wie das Haus ist, nämlich ganze 300 Jahre. Oben verweilen wir dann in dem großen rechteckigen Raum mit steilen Dachschrägen zur Garten- und zur Straßenseite, mit Fachwerk, enormen Eichenbalken, von Zimmerleuten nach niederländischer Art bearbeitet, mit zwei alten Kaminen aus grob behauenen, unverputzten Kalksteinblöcken: alles unter Denkmalschutz …

Die zwei Frauen stehen nun einander zugewandt da. Ihre Augen rollen hin und her, die rechte Hand vor dem Mund, ratlos und still.

Endlich bricht die ältere das Schweigen: „Das war unser Speicher."

Meine Gegenwart zerbröckelt weiter, und eine von vielen Vergangenheiten drängt in den Vordergrund.

„Ja, hier links hatten die beiden Jungs ihre Zimmer, der Uwe hier und der Olaf da. Und jeder hatte zur Straßenseite ein Fenster …". Sie blicken mich vorwurfsvoll an.

„Ja, wo sind die Fenster denn?"

„Nicht da!", flüstere ich ratlos und füge leise und entschuldigend hinzu: „…aber auf der anderen Seite zur Burg hin ist doch auch ein Dachfenster."

„Durch das Fenster sind die zwei immer abgehauen und haben dann auf der Burg eine geraucht." Die Stimme der Jüngeren wird mit einem Mal fast mädchenhaft verlegen „Einmal hab ich das Fenster zugemacht, und sie kamen nicht mehr rein, und dann kamst du, Mama, und warst so wütend und hast gesagt: ‚Die könne drusse blieve, bisse schwaatz sin.' Als es dunkel war, hast du sie dann wieder reingelassen, und dann mussten sie ohne Essen ins Bett…". Die Schwester dieser beiden Ausreißer amüsiert sich nachträglich noch schadenfroh, während ihre Mutter nur etwas abwesend lächelt, aber, wie sie leise vor sich hin murmelt, die Stellen sucht, wo sie früher immer die Wäsche aufgehängt hat, wo der Schrank stand, in den sie immer die geplättete Bett- und Tischwäsche legte.

Ich versuche mir das alles vorzustellen, lasse meinen Blick hierhin und dorthin schweifen, bis er sich wie ein erschöpfter Vogel niederlässt auf einem Ast, der mir vertraut ist:

Auf meinem leuchtend roten Sofa, endlich bin ich wieder bei mir.

Schließlich treffe ich mich mit den beiden Spurensucherinnen in der Mitte des großen Raumes. Wir haben alle drei etwas wiedergefunden, unsere Leben in unserem Haus.

Doch wir täuschen uns. Das 300 Jahre alte, stolze Haus, in dem viele Generationen gewohnt haben, entzieht sich uns im selben Augenblick. Es birgt viel mehr, als wir uns je vorstellen können.

Das Haus behält sein Wissen für sich, es knackt und knirscht unter den Schritten von uns Gegenwärtigen ..... und schweigt.

Christiane Eichler-Magdsick

wurzeln

auf der durchreise
das tote kind noch im traum
kaffeetrinken anna ist da
wir schwätzen
murmeln rollen über
splissige dielen
der boden ist schief
farbe blättert von den wänden
weiße inseln möwengeschrei
das wasser ist abgestanden lau
wo bin ich
betten wechseln wohnungen
ungewaschen sind die augen
immer umhergezogen
hier bleibe ich nicht
wurzeln dorren hinter sieben
bergen lodern sie
phönix erwacht
wilde schwäne singen
über der autobahn

Zeitleiste 2000 – 2010

Die **Terroranschläge in den USA am 11. September 2001** auf das **World Trade Center** in New York **und das Pentagon** in Washington werden als historische Zäsur gesehen in Bezug auf die Außenpolitik der USA.

Sie führen den **Afghanistankrieg** in eine neue Phase und 2 Jahre später zum **Irakkrieg,** in dem der damalige Diktator Sadam Hussein gestürzt wird.
Die Spannungen zwischen der **muslimischen und der westlichen Welt** mehren sich.

China und Indien steigen auf zu Industrienationen.

2002 erfolgt die Einführung des **Euro** in der EU.

2005 wird Angela Merkel Bundeskanzlerin der Bundesrepublik.

Die Globalisierung mit ihrer weltweiten Verflechtung in Bereichen der Wirtschaft, Politik, Kultur, Umwelt und Kommunikation nimmt rasant zu.
Globale Geldspekulationen führen **2007** zu einer **weltweiten Bankenkrise**.

2008 wird Barack Obama der 44. Präsident der Vereinigten Staaten von Amerika

Das **Internet setzt sich flächendeckend durc**h. Soziale Netzwerke wie **facebook** entstehen. **Wikipedia** verdrängt herkömmliche Lexika.

Handys erreichen die breite Masse. Ab 2007 kommen **smartphones** auf den Markt.

Computer sind im täglichen Leben eine Selbstverständlichkeit.

Es entwickelt sich eine zunehmende **Individualisierung und Pluralisierung der Lebensformen.**

Ca. 40% der Ehen werden geschieden. Immer häufiger fallen soziale und biologische Elternschaft auseinander. Etwa 11% der Kinder unter 18 Jahren leben in neu zusammengesetzten Familien. Es gibt nichteheliche und gleichgeschlechtliche Lebensgemeinschaften, und viele Kinder wachsen bei einem Elternteil auf.

Die Klimaerwärmung und der Klimawandel als eine vom Menschen gemachte Klimakrise wird zu einem zentralen Thema.

2002 widmet „**Der Spiegel**" dem **Thema Flucht und Vertreibung** eine **Titelgeschichte.** Über die Folgen der Nazizeit und des Krieges müsse noch einmal nachgedacht werden.

Sabine Bode, eine Journalistin und WDR-Redakteurin, befasst sich mit den Spätfolgen der Kriegskindergeneration. **Ihr Buch „Die vergessene Generation",** *Kriegskinder brechen ihr Schweigen,* erscheint **2004.** Ein öffentliches Interesse an den Spätfolgen des Krieges existiert zunächst nicht.

Das ändert sich **2005 mit dem Kriegskinderkongress in Frankfurt.** Bislang hatten sich die öffentlichen Medien vorwiegend auf die Aufarbeitung des Nationalsozialismus konzentriert.

Nun geht es auch um die Sicht der Kinder und ihr Erleben von Bomben-angriffen, Verlust der Heimat, Verlassenwerden und die Erfahrung von verunsicherten Eltern, die keinen Halt geben konnten. Um Kinder, die „gut funktionierten" und noch heute mit Erinnerungen an Väter leben, die durch den Krieg posttraumatische Belastungsstörungen entwickelt hatten.

Die Ärztin und Traumatherapeutin Luise Reddemann spricht aus ihren Erfahrungen von *„transgenerativen Traumata"*. Nicht nur Men-schen der Kriegsgeneration können unter einem Trauma leiden, sondern es gibt auch eine Verschiebung in die zweite und dritte Generation.
In Deutschland hinkt die **Traumaforschung** 15 Jahre hinterher. Seit dem Ende des Vietnamkriegs und besonders seit dem 11. September 2001 hat insbesondere **die neurowissenschaftliche Forschung** in den USA große Fortschritte in diesem Bereich gemacht.
Dem gesellschaftlichen Verdrängungsprozess sind bis dahin nicht nur die Kriegsversehrten und die traumatisierten Kriegsteilnehmer selbst, sondern auch ihre Familien zum Opfer gefallen.

Es hat sehr viel Zeit gebraucht, das Schicksal der Kriegskinder und Kriegsenkel in Deutschland zu bedenken und ihre Erfahrungen bei ih-ren aktuellen Problemen zu berücksichtigen.
Was geschieht, wenn sie als Kind erfahren haben, dass das eigene Er-leben nicht zählt, weil es für die Erwachsenen Wichtigeres gab oder sich die Erwachsenen mit unbegreiflichen Gespenstern plagten und zu schaf-fen hatten? Wie geht ein Kind damit um, wenn es irgendwann erkennt, dass sein Volk entsetzliche Dinge getan hat und sein Vater ein Täter war?

Neben der Leugnung und der Verurteilung entdecken Betroffene auch eine heilsame Wirkung durch den Mut, noch einmal genauer hinzu-schauen und mitfühlend davon zu erzählen.

Hanne Gertz

Der 11. September

Heute ist ein guter Tag. Acht Stunden Unterricht sind wie im Flug vergangen, heute machte Schule richtig Spaß.

Beschwingt und erstaunlich wenig erschöpft radelt sie ins Fitnessstudio, dienstags ist ihr Sportnachmittag. Schweißtreibendes Gerätetraining mit anschließendem Saunagang zur Belohnung, Luxus pur.

Zufrieden und fit macht sie sich auf den Heimweg, ein kurzer Stopp beim Türken: frischer Salat und Brot für das Abendessen. Vor ihr liegt ein freier Abend ohne Schulvorbereitungen, die hat sie schon am Sonntag erledigt.

Während des Abendessens mit ihrem Mann tauschen sie sich über den Tag aus, freuen sich auf einen entspannten Abend.

Das Telefon klingelt, nein, nicht jetzt bitte. Sie schaut auf das Display. Ihre Mutter. Abheben oder verschieben? Brav entscheidet sie sich für das Gespräch. Die Telefongespräche empfindet sie oft als sehr anstrengend, übernimmt die Rolle der aktiven Zuhörerin. Ihre Mutter redet, redet, redet. Heute scheint etwas anders, sie spürt es sofort. „Hast du schon das Fernsehen eingeschaltet, in Amerika sind zwei Flugzeuge in zwei Hochhäuser geflogen." Ihre Mutter, immer dramatische Geschichten, immer leicht überdreht, anstrengend. „Nein, ich bin gerade erst nach Hause gekommen, wir essen gerade zu Abend. Ich rufe dich später zurück." Eine kleine Atempause.

Sie setzen das Abendessen fort, reden über den Tag, alles ist gut. Und doch, irgendetwas klang bei ihrer Mutter anders, bedrohlich. Sie schalten die Tagesschau ein. Sofort stockt der Atem, sie können nicht glauben, was sie hören und sehen. Schon am Vormittag ist es passiert, zwei Flugzeuge sind in New York in zwei Hochhäuser geflogen, einfach mitten durch die Türme. Sie sind fassungslos. Berichte überschlagen sich, panische Menschen, Chaos, Feuerwehrleute, Verzweiflung, eine nicht zu fassende Katastrophe. Und sie hatten einen guten Tag, nichts mitbekommen.

Entsetzt ruft sie ihre Mutter zurück: „Mama, ich hatte bis gerade doch keine Ahnung von diesem Drama." Ihre Mutter weint. „Ich habe schon den ganzen Tag alles im Fernsehen verfolgt." Schluchzen. Plötzlich hat sie das starke Bedürfnis, ihre Mutter in ihren Armen zu halten, ihr Schutz zu geben, sie zu trösten, sich gegenseitig zu trösten. Doch 350 km trennen sie. Sie halten sich mit Worten fest, versuchen sich zu beruhigen, zu begreifen, was da heute in New York passiert ist.

Den restlichen Abend und die halbe Nacht verfolgen sie die Berichte aus New York, sitzen geschockt vor dem Fernseher, fühlen sich machtlos. Die Welt steht Kopf.

Am 11. September 2001.

Roland Herzig

Heimatvertrieben

Auf einer Bank sitzend, den Kopf vornüber auf beide Hände gestützt,
die Ellenbogen halten das Gewicht mit Hilfe der Oberschenkel.
Der rechte Fuß trommelt leise rhythmisch vor sich hin, die Melodie
schwingt wie Marschmusik, der Text geht mir nicht aus dem Sinn:
Kehr ich einst zur Heimat wieder.
Früh am Morgen, wenn die Sonn' aufgeht.
Schau ich dann ins Tal hernieder,
Wo da vor einer Tür ein Mädchen steht
Refrain:
Da seufzt sie still, ja still und flüstert leise:
Mein Schlesierland, mein Heimatland
So von Natur, Natur in alter Weise,
Wir sehen uns wieder, mein Schlesierland,
wir sehen uns wieder am Oderstrand,
wir sehen uns wieder mein Heimatland.
Wie oft habe ich dieses Lied von ihm gehört. Es war wie Magie für ihn, eine
Begegnung aus einer Zeit, die sein Gesicht ab und zu strahlen ließ. Seine
Hände verkrampften sich zu Fäusten, zuckten, ruderten, versanken dann
nach einiger Zeit in Kraftlosigkeit, plötzlich Stille.
Unser Vater litt an Heimweh. Er erzählte wenig, das Wenige oft mit Tränen
in seinen Augen. Oft fragten wir uns, wie das wohl so ist, sein Heimatland
zu verlieren.
Er lebte doch hier mit uns, wieso war das nicht seine Heimat?
Wieso liebte er den Oderstrand mehr als unser gemeinsames Leben?
Ja, er war ein Heimatvertriebener, er hatte seine Heimat verloren, die er
sich so inständig herbeisehnte.
Wir waren Kinder, es war schwer zu verstehen, dass eine verlorene Heimat
wichtiger war als wir. Manchmal wünschten wir ihn zu trösten, jedoch bei
seinen plötzlichen Wutausbrüchen bekamen wir Angst.

Es waren Momente, in denen wir erstarrten, es nicht wagten irgendeine Frage zu stellen. Die spannungsgeladene Atmosphäre ließ uns verstecken lernen, uns verkriechen an Orte, wo wir nicht gefunden wurden. Wir Geschwister hielten zusammen.

Mein Vater heiratete zweimal, einmal vor dem Krieg und einmal danach, meine Mutter. Seine erste Ehefrau verstarb bereits mit 28 Jahren.

Aus jeder Ehe stammten vier Kinder, und da meine Mutter auch noch zwei uneheliche Kinder mitbrachte, waren wir eine große Familie, die immer noch mit den Nachkriegsereignissen beschäftigt war.

Die Ehe verlief nicht glücklich. Harmonie und Freude gab es selten.

Für uns Kinder war es traurig, wir lernten sehr schnell Wut, Hass und Aggressivität. Körperliche Auseinandersetzungen gehörten zum Alltag und auf der Straße hatten andere Kinder Angst vor uns.

Als ich 6 Jahre alt war, starb meine Mutter. Sie war erst 41 Jahre, und die Frage: „Lieber Gott, warum hast du ausgerechnet meine Mutter sterben lassen?" bringt heute noch meine Gefühlswelt durcheinander. Ich erlebte ihr Sterben auf Raten, ihren Kampf, nicht krank sein zu wollen. Sie versuchte dagegen anzukämpfen, ihre Kinder nicht zu verlassen. Ihre Krankheit war stärker.

Das erste Mal im Leben fühlte ich mich allein und vermisste sie. Ich stand mit dem Rücken an eine Hauswand gelehnt und mir laufen die Tränen über das Gesicht. Ich schaute in die Sonne, nur ihre Strahlen erreichen mich an diesem Tage nicht.

Schon bald stellte sich heraus, dass mein Vater mit der Versorgung vieler Kinder überfordert war, und wir vier Kleinsten wurden in einem Kinderheim untergebracht.

Ich wurde als aggressiv und schwer erziehbar eingestuft und damit wurden künftige körperliche Züchtigungen für mich als Erziehungsmittel angesehen. Spürte, jetzt galt es zu überleben.

„Kinder lernen dann zu überleben, wenn ihnen kein Leben angeboten wird, sie es selbst entdecken müssen und schon früh für sich verantwortlich sind."
In einem Buch fand ich diese Zeilen, denn ich fing an zu lesen, um herauszufinden, ob es ähnliche Schicksale gab und ich damit nicht ganz allein war.

Wenn du deine Heimat verloren hast, sehr traurig bist, dich einsam fühlst, teilweise hilflos erscheinst und aggressiv wirst, dann suchst du ständig nach einem Halt, einem Wohlwollen, einer Aufmerksamkeit, nach einem Lob, nach Anerkennung, nach einfach nur in den Arm genommen werden, nach einem Zuhause, einer Geborgenheit, nach einer Heimat.

Mir war endlich klar, ich war auch ein Heimatvertriebener, ich werde in meine verlassene Heimat niemals mehr zurückkehren.

Doch ich war nicht allein, da gab es noch mehr Heimatvertriebene, Schicksale wie meines, aufgehoben unter Gleichgesinnten, viele aggressiv, widerspenstig, einfach nicht zu zähmen.

Es war wichtig nun herauszufinden, was für ein Heimatvertriebener ich denn werden wollte. Ich wollte einer werden, der offen durch das Leben geht, unabhängig ist, geschätzt und geachtet wird, etwas Besonderes halt, mit vielen Ideen, vielen Fantasien für ein schönes Leben.

Die Gedanken mit meinen Erinnerungen verschwanden langsam aus meinem Kopf, und ich hielt meine Augen noch geschlossen, bis alles entschwebte und ich meinen Mut wieder hatte, den Himmel wieder anzuschauen.

Der Übergang zu mir selbst war die Zeit, die ich mir nahm, behutsam den Frieden auf der Bank zu genießen und um mich herum Ruhe zu entdecken.

Erinnerungen sind Teil eines Lebens, und es war mir bewusst, sie werden immer wiederkommen, ob ich wollte oder nicht. Manchmal unangekündigt, manchmal spontan, doch sie werden kommen.

Durch meine Heimerziehung lernte ich die Welt von Heimatvertriebenen genau kennen. Es ist eine eigene Gefühlswelt, eine besondere Art von Solidarität und Verständnis. Die Suche nach Harmonie und Geborgenheit überwiegt alles. Heimatvertriebene untereinander bleiben eine große Ersatzfamilie, die Wertschätzung der gemeinsamen Schicksale verbindet.

In meinem späteren Berufsleben betreute ich Familien und Kinder mit ähnlichen Schicksalen, mit gleichen Gefühlen und ähnlichen Wünschen im Leben. Ich brachte sie manchmal, wenn es keine andere Möglichkeit mehr gab, auch in Kinderheimen unter. Es gibt Heime, die besser für Kinder sorgen, als es Familien können.

Als der älteste Heimatvertriebene unserer Familie starb, mein Vater, war ich bereits 27 Jahre alt. Ich bin ohne ihn aufgewachsen, habe ihn selten gesehen und im Laufe meines Lebens ein Vaterbild entwickelt, was mich ihn auch vermissen ließ.

In meiner Familie der Heimatvertriebenen, zwischen den noch lebenden Geschwistern, gibt es immer wieder gemeinsame Erinnerungen an diese Zeit. Jeder hat eine neue Heimat für sich gefunden, und es ist Glück und Zufriedenheit immer wieder spürbar.

Kaja Lange-Rehberg

Aus grauer Vorzeit

Auf dem Regal, ganz oben, lehnt ein Stück grauer Schiefer an der Wand: hässlich, fade, allerdings mit dem undeutlichen Abdruck eines größeren Ammoniten darauf. Noch immer zu schade zum Wegwerfen, frage ich mich.

Was suchte ich aber eigentlich auf diesem Regalboden? Richtig, einen alten Bildband über West-Belgien, das wir in wenigen Tagen besuchen werden.

Vorsichtig fische ich mir das Buch herunter, puste den Staub weg und blättere ein wenig darin. Ein darin liegendes Foto springt mir entgegen, das ich aber zunächst wieder in seine Seiten zurückschiebe. Ich möchte den Ort finden, den wir bald besuchen werden.

Leider bleibt aber mein ungeschicktes Kramen nach dem Belgienband nicht ganz ohne Folgen auf die Position anderer Gegenstände: die Steintafel mit dem Ammonitenabdruck gerät ins Rutschen. Meine linke Hand erreicht sie gerade noch

Ungehalten lege ich die Steintafel auf ein leeres Regalbrett, dabei splittert ein Stück des grauen Schiefers ab und fällt zu Boden. Jetzt lohnt sich das Aufbewahren dieser Steinruine, Rest von einem Rest, bald auch nicht mehr, denke ich.

In der rechten Hand halte ich immer noch den Belgienband, ein Finger, als wüsste er warum, immer noch zwischen den Seiten, in die ich das Bild geschoben habe.

Es ist ein sehr altes Foto meines Vaters aus dem Jahr 1915, das ihn als jungen Soldaten zeigt, im tadellos geschnittenen Uniformmantel mit schwarz-weißem Revers, zugeknöpft bis hin zum breiten Kragen; darunter schaut hervor die Uniform mit dem gestreiften Stehkragen, über dem feierlichen Gesicht eine Kappe, akkurat geknifft mit glänzend gescheuertem Schirm daran, der die Augen überschattet. Alles ist makellos, so wie es sich für einen Deutschen gehörte, der den Krieg zu Lande und zu Wasser gewinnen würde.

Ein Krieg, der schon im ersten Jahr von einem Bewegungskrieg zum Stellungskrieg erstarrte, zu dem grausamen und menschenverschlingenden Ungeheuer Grabenkämpfe. Die Frontlinie reichte von der Kanalküste quer durch Belgien und Frankreich bis zur Schweizer Grenze, die Grabenkämpfe dauerten vier schreckliche Jahre.

Mein Vater befand sich auf einem Frontvorsprung in Belgien, der den wunderschönen mittelalterlichen Ort Ypern umfasste. Bei Ypern „lagen" britische Truppen den deutschen gegenüber, die es geschafft hatten, den malerischen Ort fast ganz in Trümmer zu schießen. Keine Stadt in Westeuropa war so zerbombt wie Ypern. Die Orgie der Zerstörung erreichte ihren Höhepunkt 1917 in einer Schlacht, die mehr als 54 000 von Soldaten – deutsche, aber mehr noch britische – das Leben kostete. 400 Friedhöfe rund um Ypern legen Zeugnis von diesem Blutbad ab.

Mein Vater gewann den Krieg also nicht, er gewann durch eine Kriegsverletzung sein Leben. Mich gewann mein Vater, der Friedrich Wilhelm hieß und auch so war, nicht.

Vor mir liegen zwei Orden, die er für Taten in Belgien erhielt, genauer gesagt auf dem Schlachtfeld von Ypern. Er hatte sie bekommen für eine Flussüberquerung, durch die er den „Feind" ausspioniert hatte.

Am Freitag fahren wir nach Belgien, nach Ypern. Dort möchte ich die Orden vergraben. Aber seine Augen, die sich verstecken im Schatten der Schirmkappe und die mich verfolgen, werden mein Tun vielleicht nicht zulassen.

Chris Kilian-Hütten

Überhaupt nicht

Sonst war sie überhaupt nicht so! Eher die Ruhe. Auf dem Boden. Die Launen an der Leine. Verstehen auch, was nicht gesagt wurde. Ein neues Gefühl, fast alterslos zu sein, jetzt, wo es objektiv der reinste Unsinn war.

Es gab jedoch Streits, und wenn er da laut wurde, zerschlug sie auf einmal alles, was ihnen hoch und heilig war. Die kostbaren Momente eines gemeinsamen Lebens, die sie manchmal, eng aneinander geschmiegt, hervorzogen wie Joker aus einem Kartenspiel.

Sie verteufelte dann den Tag, an dem sie ihn getroffen hatte, erinnerte von ihren abenteuerlichen Reisen nur massive Streitszenen, und wenn er dann zu guter Letzt das gemeinsame Kind in die Waagschale warf, um sie davon zu überzeugen, dass sie doch zu etwas gut gewesen waren, tat sie so, als wäre es nur ihr Fleisch und Blut.

Es war, als tauchte sie alles in eine Tunke aus Irrtum und Selbsttäuschung. Als gäbe es eine Befriedigung im Zerstören.

Sie hatte es nicht unter Kontrolle, aber entweder gelang es ihr kurze Zeit später, den Schalter einfach umzudrehen ... sie war dann froh über das Gefühl, das einfach ohne jedes Bemühen, ohne jede Anstrengung kam. Sie wollte ihn dann nur noch in den Arm nehmen. Und ohne seine Reaktion abzuwarten, genoss sie das warme zärtliche Gefühl in sich und die eigene Zuversichtlichkeit ... oder es gelang ihr nicht und sie verirrte sich in der Weite einer inneren Ödnis, einer Dürre und Trostlosigkeit, die eine Gefahr für das eigene Leben ist.

Schon früher, sie erinnerte sich genau, schon als ganz kleines Kind, hatte sie dieses Terrain betreten.

Im ganzen Körper war ihr dann schlecht, alle Kraft ausgelaufen, und in ihrem Bauch lag ein großer schwerer Stein.

„Wo ist das Hemd, das mit den dünnen Streifen? Ich will kein anderes!"
Die Stimme des Vaters ist viel zu laut. Er humpelt durch die Wohnung, vom Schlafzimmer zum Badezimmer, in die Küche und wieder zurück. Sein

Körper ist gespannt. Er bewegt sich so zackig und seine Arme fuchteln in der Luft.

Eben noch schlief er wie tot. Er hatte nicht gemerkt, wie sie sich ganz leise nah an sein Gesicht gebeugt hatte. – Jetzt kamen sie zu spät zur Messe!

Die Mutter hatte wieder ihr Gesicht.

Sie mochte nicht, wenn es so wie jetzt nach unten hing und ihre Augen fast weinten.

Es konnte so glatt sein und groß. Wenn sie es dann ansah, wurde sie ausgefüllt von Frohsein.

Vielleicht gab es zwei Mütter? Vielleicht wechselte sich diese Mutter mit der anderen immer ab? Zum Schlafzimmerfenster raus und die andere rein? Wann wusste die eine, dass sie kommen sollte, wann ging die andere?

Jeden Sonntag kam es so. Und oft spürte sie als Kind schon vorher in ihrem Körper, dass es gleich wieder losging, dass der Vater gleich krakeelte.

Sie mochte es, wenn er am frühen Abend von seinen Verkaufsgesprächen nach Hause kam. Oft hatte er sich auf dem Heimweg als Belohnung leckere Nussschokolade gekauft, ein Rippchen abgebrochen und überließ ihr nun den Rest. „Na, kleine Kathrin!" hatte er sie begrüßt und dabei ihre Nase mit seinem Zeigefinger gestupst. „So heiße ich doch gar nicht", beschwerte sie sich jedes mal, obwohl sie genau wusste, dass dies der liebste Kosename war, den sie sich überhaupt vorstellen konnte.

Die Mutter machte ein Rührei mit Schinken und ein paar Pilzen. Das aß er gerne.

Sie stellte sich in der Zeit auf einen Stuhl hinter seinen Sessel und flocht kleine Zöpfchen in seine Haare. Die Haare fingen erst weit hinter der Stirn an und waren länger, als ihr mittlerer Finger.

An vielen Tagen brauchte er Schmerztabletten. Dann stützte er seine Stirn in die Hände, und sie liefen und brachten ihm seinen Lederhocker, damit er sein Bein auflegen konnte. Sie holten ihm alles, was er brauchte, seine Lesebrille, die Aktentasche, die Zeitung vom Tage. Ohne Murren.

Sein rechtes Bein war steif. Er konnte das Knie nicht mehr bewegen. Die Nervenschmerzen zogen sich durch seinen ganzen Körper.

Erst viel später verstand sie genau, dass man ihrem Vater den Oberschenkel mit einem Schuss zertrümmert hatte.

Lange Zeit war es ihm gelungen, einfach nicht greifbar zu sein. Suchten sie ihn in dem Dorf zu Hause, war er bei seinen Cousinen in Düsseldorf. Wurde es dort zu heiß, machte er sich mit seinem Fahrrad auf in das kleine Dorf an der belgischen Grenze.

Die Wahrsagerin aus Hilden hatte ihm prophezeit, dass er den Krieg überleben werde, entweder mit einer Kopfverletzung links oder einer Schussverletzung am Bein rechts.

Es wurde das Bein.

Lange lag er im Lazarett bei Nowgorod. Und da er sich bei der eingetretenen Infektion mit aller Macht gegen eine Amputation gewehrt hatte: „Wenn Sie es wagen, mich auch nur anzufassen, werfe ich Ihnen den Nachtisch an den Kopf!" – lag er 36 Wochen lang in einen Streckverband.

Als die Wunde endlich verheilt war, konnte er sein Knie nicht mehr bewegen.

Nicht, dass sie diese Fakten nicht schon als Kind hätte verstehen können. Aber die Erzählung gehörte einfach zu ihrem Leben, wie ein unverzichtbares Requisit.

Sie hatte sich nie vorgestellt, wie es für sie gewesen wäre, so viele Tage, so viele endlose Stunden in einem Lazarett zu liegen und darauf zu warten, ob das eiternde, schon stinkende Bein noch einmal zu gebrauchen war oder ob der Wundbrand den Körper zerfraß.

Es war Vergangenheit. Genauso wie all die anderen Geschichten aus dem Krieg und danach. Auch die, als ihr verwundeter Vater, heiß ersehnt, dann endlich bei seiner jungen Frau eintraf, ein dickes Motorrad unter dem Hintern, das Gesicht platzend vor Stolz, das steife Bein einfach abgelegt auf dem quer gesteckten Besenstiel.

Sie konnte schon an seiner Haltung ausmachen, wie stark die Schmerzen heute waren, und dennoch krampfte sich alles in ihr zusammen, wenn er so schnell die Geduld verlor, schimpfte und fluchte.

Niemals hätte er jemanden körperlich attackiert. Und obwohl er ihr unzählige Male in seiner Wut angedroht hatte, sie mit Nagelschuhen zu treten oder so zu schlagen, dass sie das Rad dreimal drehte, hatte sie nicht die geringste Befürchtung.

Als sie später zur Tanzstunde ging und ein Ball für alle, auch für die Eltern, arrangiert wurde, musste er sich unbedingt an den Rand setzen, die Wand im Rücken. Er sprach mit niemandem, und als sie die Eltern tanzen sah – eigentlich traten sie nur hin und her von einem Bein auf das andere –, fühlte sie auch die Minderwertigkeit und die Scham.

Die Ungeduld, das unbeherrschte Schreien, wenn irgendetwas nicht so lief, gehörten zum Alltag, ohne dass sie sich daran gewöhnt hätte. Sie wusste, wie schmerzlich die Wutausbrüche für ihre Mutter waren. Sie brauchte nur ihr Gesicht zu sehen.

Aber sie schimpfte, wenn überhaupt, nur kurz über ihn. „Er geht immer über seine Kräfte!", sagte sie höchstens.

Es nutzte auch nichts, wenn sie ihrer Mutter schwor, dass sie sich das später nie, niemals von einem Mann gefallen lassen würde!

Das Gesicht der Mutter glättete sich eher, wenn sie über die Schule erzählte und was sie alles so hinbekam.

In der entspannten Zeit konnte sie das Aufbrausen völlig vergessen. So gut vergessen, dass sie sofort anfing zu lachen, wenn ihr Vater sie „Chri, Chri, Chri" nannte und dabei zwitscherte wie der Vogel vor der Terrasse.

War es dann wieder soweit, fiel sie regelrecht aus allen Wolken. Als hörte sie die ungehaltene, zornige Stimme zum ersten Mal.

Der Streit heute zwischen ihnen als Paar war aus dem Nichts gekommen. Er war sehr scharf geworden, und für sie war es auf einmal so, als könnten die schrecklichen Szenen aus der Vergangenheit mit ihrer grauen endlosen Trostlosigkeit sie jetzt in der Gegenwart wieder einholen. Sie fühlen lassen, als wäre heute wie gestern oder gestern wie heute.
Bei ihrem ersten Versuch, wieder auf ihn zuzugehen, wandte er sich ab. Sein Körper war noch starr vor Ärger. „Ich kann das nicht so schnell!" – Sie verstand sich selbst nicht. Dass sie eine solche Sehnsucht haben konnte, von ihm umarmt zu werden. Nach diesen Worten, nach dieser Heftigkeit!

Nie würde sie einfach bloß nachgeben, und wenn sie weiterdiskutierten, würde sie sich auf keinen Fall die Tatsachen verdrehen lassen! Auch das Durchgehen der Situation in Zeitlupe, das wusste sie, würde zu nichts führen.

Sie war froh, nichts von der bodenlosen Schwere und Traurigkeit zu spüren. Am Ende war sie dann immer wie tot!

Sie hatte die Hoffnung aufgegeben, diese Gefühle jemals ganz loszuwerden. Aber wenn er dann mitmachte, konnte sie schneller sein als dieser graue unförmige Schlamm, der aber auch alles in Sinnlosigkeit versinken ließ.

Roland Herzig

Flimmernder Horizont

Rot, rot abwandernde Sonne aus violettem Licht,
Hügelberge von Sand, unendliche Weite,
der Horizont verstaubt.
Stille, die ihren Atem flimmernd wahrnimmt.
Prickelnder Wind auf der Haut, der leise den Sand in die Luft schweben lässt.
Meine Gedanken kehren immer wieder zurück,
zwanghaft festhaltend, langsam loslassend, nach Verständnis suchend.
Ich konnte dich nicht halten, ich wollte das auch nicht,
du hattest dich, ich mich, wir uns.
Es war der Augenblick zu leben, in dich hineinzukriechen,
zu verschmelzen, mich wiederzufinden.
Jetzt habe ich mich.
Spürbar brennt die Sonne auf meine Haut,
der immer noch leichte Wind lässt weiterhin leise den Sand in die Luft schweben

Im **Euroraum haben Länder wie Griechenland, Italien und Spanien** mit **hohen Haushaltsdefiziten und hoher Arbeitslosigkeit zu kämpfen.** Die EU unterstützt die Mitgliedsländer durch Kredite und Bürgschaften.

In Tunesien beginnen im Dezember 2010 Massenunruhen. Die Aufstände, angeschoben durch privates Internet und Handys und benannt als **„Arabischer Frühling",** weiten sich mit Umstürzen und Rücktritten aus auf Ägypten, Libyen und den Jemen.

Die Unruhen in **Syrien münden in einem Bürgerkrieg** verschiedener religiöser und ethnischer Gruppen, der bis heute anhält. Drittstaaten beteiligen sich und verfolgen ihre eigenen Interessen.

2015 sind rund 11,6 Millionen Syrer auf der Flucht.

Wegen der wachsenden Bedrohung durch die Terrororganisation „Islamischer Staat" kommt es zu einer **europaweiten Flüchtlingskrise.**

1,3 Millionen Flüchtende suchen in Europa Asyl.

Der Begriff **„Willkommenskultur" (2015)** entsteht und anfängliche Akzeptanz und Hilfsbereitschaft gegenüber Migranten. Angela Merkels Bemerkung *„Wir schaffen das!"* geht um die Welt. Bundespräsident Gauck formuliert, *„... dass die Erinnerung an die geflüchteten und vertriebenen Menschen von damals unser Verständnis für geflüchtete und vertriebene Menschen von heute vertiefen könnte."*

Die **Silvesternacht 2015 in Köln,** bei der es zu Übergriffen von jungen Migranten auf feiernde Frauen kommt, verändert bei vielen die Haltung. Populistische Stimmen versuchen sich Gehör zu verschaffen.

Etwa 890 000 Asylsuchende sind 2015 nach Deutschland gekommen. Nach einer Verschärfung des Asylrechts, der Errichtung von Grenzbarrieren auf der Balkanroute, dem EU-Türkeiabkommen, liegt die Zahl 2017 bei ca. 650 000. Im Jahr 2019 werden 165 938 Anträge gestellt.

Die Asylpolitik und die **europäische Migrationspolitik** führen zu heftigen politischen Auseinandersetzungen.

In vielen westeuropäischen Städten kommt es zu **islamistisch motivierten Terroranschlägen.** Der „Islamische Staat" beherrscht weite Teile Syriens, des Iraks, von Nigeria, Somalia und Afghanistan.

Auch rechtsextreme Anschläge erschüttern die Welt, und rechtspopulistische Parteien bekommen weltweit Aufwind.
2016 wird **Donald Trump** zum US-Präsidenten gewählt und **Jair Bolsonaro** zum Präsidenten von Brasilien.

Der Krieg in der Ukraine, der Atomstreit mit dem Iran, angespannte Beziehungen zwischen den USA und Korea sind **Themen der Weltpolitik.** Genauso der bevorstehende **Brexit.**

In der deutschen Gesellschaft kann man **– auf bestimmte Gruppen bezogen –** deutlich menschenfeindliche, rassistische und antisemitische Positionen ausmachen: Die NSU-Enttarnung, der Aufstieg der AfD, Pegida und Gewalt gegen Juden, Muslime und Geflüchtete sind Ereignisse, die rechtsextreme Tendenzen in der Gesellschaft belegen. **Dagegen positioniert sich** in der öffentlichen Diskussion **die Mehrheit der Bürger.**

Die **Klimadiskussion** nimmt Fahrt auf. Das wärmste Jahr seit den Aufzeichnungen, das Maß an Kohlendioxid in der Atmosphäre, die Gletscherschmelze, der Anstieg des Meeresspiegels sowie Dürren und Überschwemmungen geben Anlass zur Sorge.

2017 demonstrieren in einer 90 km langen **Menschenkette von Aachen nach Tihange** 50 000 Demonstranten für die Abschaltung von Kernkraftwerken in Belgien.

2018 entwickelt sich die „Fridays for Future"-Bewegung – eine globale soziale Bewegung, welche sich für umfassende, schnelle und effiziente Klimaschutz-Maßnahmen einsetzt, um die Ziele der Weltklimakonferenz, 2015 in Paris beschlossen, einhalten zu können. Die Ideen von Rachel Carson im Kopf, gehen **nach dem Vorbild der Schwedin Greta Thunberg** SchülerInnen freitags während der Unterrichtszeit auf die Straße, und das weltweit.

Die „Black Lives Matter"-Bewegung beginnt **2013** als nationale Bewegung in den USA und demonstriert gegen die Tötung Schwarzer durch Polizeibeamte, gegen Racial Profiling, Polizeigewalt und Alltagsrassismus. **2015** nach dem Anschlag auf die traditionell schwarze **Kirche in Charleston,** bei dem neun Afroamerikaner während einer Bibelstunde von einem weißen US-Bürger erschossen werden, demonstrieren 20 000 Menschen. – Unzählige Vorfälle und Proteste folgen.
Seit dem Tod von **George Floyd** im **Mai 2020** – dessen **Video von der gewaltsamen und tödlichen Festnahme** um die ganze Welt ging – **entwickelte sie sich zu einer internationalen Bewegung.**

Am 4.6.20 kommen **in Wien** 50 000 zu einer Demonstration, am 6.6. sind es 15 000 in **Berlin** und 25 000 in **München.**

In vielen Teilen der **USA** werden **Statuen ehemaliger Eroberer und Sklavenhändler** mit Farbe beschmiert und vom Sockel geholt. In **Bristol** stürzen Demonstranten die Bronzestatue des Politikers und Sklavenhändlers Edward Colston ins Hafenbecken. In **Hamburg** wird die Statue von Otto von Bismarck mit roter Farbe bemalt. Für Kritiker steht das Denkmal für einen Größenwahn und die Verbrechen des Kolonialismus. In **Antwerpen** lässt die Stadtverwaltung eine Statue von König Leopold II. entfernen, der für die grausame belgische Herrschaft im Kongo-Freistaat verantwortlich war. Zum 60. Jahrestag der Unabhängigkeit Kongos bedauert König Philippe von Belgien erstmals öffentlich dem kongolesischen Präsidenten Felix Tshisekedi gegenüber die systematische Ausplünderung des Landes in der Kolonialzeit und die verübten Gräuel an der Bevölkerung.

In **Deutschland** soll der **Begriff der „Rasse"** aus dem Grundgesetz gestrichen werden.

Gesellschaftliche Zwänge mit ihren traditionellen Erwartungen, ab einem bestimmten Alter verheiratet zu sein, **verringern sich.** Der Wunsch, sich selbst zu verwirklichen, die hohe Erwartung an die Qualität einer erfüllenden Partnerschaft und die finanzielle Unabhängigkeit der Frauen tragen dazu bei, dass die **Zahl der Single-Haushalte steigt.** Jeder Dritte zwischen 18 und 65 Jahren ist Single, das sind 16,8 Millionen Menschen.

Die Lebenserwartung in Deutschland ist in den letzten Jahrzehnten kontinuierlich **gestiegen.**
17,5 Millionen Menschen sind 2020 älter als 65 Jahre, das sind 21 % der Gesamtbevölkerung der BRD.

Ein Teil der Frauen sieht sich in der Rentenphase häufig in einer Altersarmut, da sie weniger als Männer verdient haben, häufiger in Teilzeit gearbeitet und Kinder großgezogen haben.

Bei einem Großteil der „jungen Alten" tragen jedoch gute finanzielle Rahmenbedingungen, ein hoher Lebensstandard, der medizinische Fortschritt und eine bewusstere Lebensführung dazu bei, dass körperliche Krisen gemeistert werden und diese Zeit als neue Lebensphase bewusst gestaltet wird.

Traditionelle Lebenslaufmuster haben sich im Zuge der Individualisierung der Biografien deutlich gewandelt und zeigen auch in der Gruppe der Älteren die breite Nutzung neuer Chancen und Freiräume. Diejenigen, die schon als junge Menschen der Hippie-Generation individuell fremde Länder entdeckt hatten, knüpfen im Alter an diese Neigung an – nun nicht mehr im VW-Bus, sondern etwas komfortabler.

Die Corona-Pandemie führt seit Februar 2020 zu noch nie dagewesenen massiven Einschränkungen im privaten und öffentlichen Leben. Ein konkretes Ende ist erst einmal nicht abzusehen.

Chris Kilian-Hütten

Mongolei

Als sei es das erste Mal! Ich starre auf meinen abgewetzten Reiserucksack, auf die herausgelegten Kleidungsstücke, und es macht mich krank, dass ich nicht weiß, was ich einpacken soll.

Dieses Land zwischen China und Sibirien. Weite grüne Steppenlandschaften, Berge wie zerknittertes Packpapier. Endlose Himmel. Wüstentage mit Nächten, sternenklar und klirrend. Der kurze mongolische Sommer. Auch dann können viele Wetter sein! Im September schon Nebel und Frost. „Wie hast du den Winter verbracht?", sei eine der ersten Fragen ab Juni.

Was ist das für ein Land?

Wir werden in einheimischen Rundzelten übernachten, und ich sehe mich schon am Abend vor einer Jurte stehen, die Hände über einem Feuer wärmend. Zu wie vielen schläft man in so einem Nomadenzelt? Ich möchte keine Stutenmilch trinken. Und Hammel esse ich auch nicht. Zwiebelprinzip! Regencoats und warme Sachen. Die schweren Schuhe mit Profilsohle ziehe ich an. Auch die dicke Jacke. Der Schlafsack passt in das Außenfach.

Die Strickstulpen? In das kleine Fach. Auch die schwarze Mütze. Die Daunenjacke? Wie eine Feder. „Das Taxi ist da!" Mit dem Schlafsack drückt sie sich doch platt! Ach, die Fleecehose. Sie wiegt doch nichts! Ich lasse mich auf den Rücksitz fallen und blase die Luft aus.

Unsere Guide heißt Shinney und spricht ein Englisch, dass ich innerlich die Hände auf den Tisch lege, gerade sitze und erst spreche, wenn mein Mund leer ist.

Der Flughafen war gesperrt für Taxis und private Fahrzeuge. Wir wurden mit einem Bus ins Stadion gekarrt. Eine Vorsichtsmaßnahme. – Ab heute wird keiner mehr bei uns fragen, wo dieses Land liegt und welche Regierung es hat. Heute treffen sich Vertreter der europäischen Länder mit einem Verbund von asiatischen Politikern. Heute Abend sieht man bei uns im Fernsehen Angela Merkel in der Mongolei Hände schütteln. –

Ich konnte Shinney sofort sehen. „Mr. und Mrs. Kilian" stand auf ihrem Pappschild.

Vor Ulan Bator hatte man uns gewarnt. Obwohl ich noch nie dort war, stelle ich mir so Russland vor. Protzende, langweilige Betonbauten. Der Hauptplatz, als wären Paraden an der Tagesordnung. Aus unserem Hotelzimmer im 5. Stock kann ich ganz in der Ferne Bergrücken sehen, zerknittert und braun. Shinney führt uns zu einem Italiener, der alles hat. Servietten, warmes Brot, Lasagne, Polsterstühle, Tischdecken und Espresso. Dass wir nach der Suppe aus der Jurte gieren, mit Fleischstücken und Nudeln, kann sie sich das nicht denken? Tage später wird sie uns gereicht. Aus dem großen schwarzen Topf über dem offenen Feuer. Und auch wenn ich die gegorene Stutenmilch danach nur kurz zum Mund hebe und ich lieber unhöflich werde, als sie zu trinken – ich möchte aus meiner Gewohnheit gebracht werden!

Die endlose Steppe, die wir dann über Feldwege durchqueren, ist ohne Baum und Strauch. Shinney reicht mir nach jedem Toilettengang im Freien feuchte Papiertücher. Ich war bloß immer in der Hocke am Hinterrad.

Die Jurten, in denen wir übernachten, sind von Ferne kleine Flecken in einem hügeligen Grün. Wir nähern uns über Feldwege, vorbei an farbigen Flächen blauer und gelber Blumenfelder. Als ginge es jetzt hinein in die Kulisse.

„Wenn ihr euch dort hinten die Hände gewaschen habt, dann treffen wir uns in dem Rundzelt zum Essen!" Fahrer und Guide nehmen jede Mahlzeit mit uns gemeinsam ein, und beide verdrückten riesige Portionen. Für mich gibt es ab dem dritten Tag etwas mehr Gemüse und Nudeln und Kartoffeln. Ich hatte das Fleisch nie angerührt.

Mich störte es immer, wenn Guide und Fahrer, mit denen man den ganzen langen Tag verbracht hatten, zum Essen an irgendeinem Katzentisch saßen und wir wie Herrschaften bedient wurden.

In Indien geriet ich einmal in eine heftige Auseinandersetzung mit unserem Hotelmanager, der unseren Fahrer aus der Lobby verwies, als wir ihn zum Tee einluden. Der Hotelmanager wackelte bloß mit seinem Kopf hin und her und bedauerte mit sanfter Stimme, dass der Fahrer aus einer anderen Kaste komme.

„Worüber unterhaltet ihr euch die ganze Zeit?" Ich war neugierig. Das leise Reden während der Fahrten wurde zwischendurch oft zum Flüstern mit „ch" und Schnalzlauten. Sie reckten dann ihre Köpfe nach vorne, suchten die Landschaft ab, oder Shinney winkte mit ihrer Hand in eine Richtung. Über andere Fahrer oder Leute und über die Familie unterhielten sie sich, oder welcher Weg der richtige sei.

„Mit Shinney fahre ich am liebsten", ließ Puje übersetzen. „Sie weiß immer, wo es langgeht, und das macht mich sicher."

Wir fuhren jeden Tag Stunden durch diese endlose Steppenlandschaft. Herden von Schafen und Rindern zogen an uns vorbei. Von weitem zerflossen sie zu einer riesigen unregelmäßigen Form, die sich wie eine amorphe Masse in Zeitlupe weiterbewegte.

Die Bilder waren ungewöhnlich für unsere Augen, und wir konnten uns kaum sattsehen. Unsere Hände lagen wie zufällig aufeinander, die Gedanken streunten wie junge Hunde, planlos, ziellos. Manchmal drehte sich Shinney um. Niemals lutschte sie ein Bonbon, ohne uns eins anzubieten.

Oft schon waren uns die Augen zugefallen und wir lagen tief versunken in einem Schlaf, für den das völlig unrhythmische Ruckeln und Schaukeln auf diesen Offroad-Pisten längst zum beruhigenden Untergrund geworden war.

„Bitte halte an!" Meine Stimme ist eindringlich. Wir fahren seit einer Stunde durch ein überdimensionales Tal mit kleinen Seen. Wie glänzende silbrige Flecken beleben sie die flache Ebene in der Senke.

Da vorne! Wir nähern uns einem Nomadenzelt, eine große Koppel mit Schafen, zwei Pferde angeleint. Wie in einem Wildwestfilm.

Als Kulisse eine Weite ohne Horizont, und die aufgebauschten Wolken tupfen wie Watte sanft das Grün der Hügel. Ich kann sie fast berühren.

Vor der Jurte auf dem Boden hockt ein Mann mit einem Hut und qualmt eine Zigarette. Keine Regung. Als wären wir Luft. Die Frau hinten am Gatter knetet etwas und legt es in die Reihe auf das Holzbrett.

Ich fange ihren Blick ein und sehe das knappe Kopfnicken.

„Sag ihr, ich sei ..." (Psychologen kannten die im Leben nicht ...) ... „eine Medizinerin für für ... (was heißt Psyche, Seelenleben ... Animisten ...) ... fürs Herz!", bitte ich Shinney.

Das gegerbte Gesicht der Frau bleibt regungslos. Ganz kurz hatten ihre Augen meinen Blick gestreift. Shinney spricht mit ihr und dann winkt sie kurz mit dem Kinn zu ihrem Mann.

„Er hat gerade eine Herz-OP hinter sich, übersetzt Shinney, Stents wurden eingesetzt." Der Mann blickt mich an, und ich weiß nun, wie sich eine Medizinerin fühlt. Ich deute lächelnd auf seine dicke Zigarette und wiege den Kopf etwas bedenklich hin und her, dann verbeuge ich mich etwas und winke leicht, bevor ich schnell zum Wagen zurückgehe.

Noch bevor ich Shinney genauer erklären kann, dass meine Richtung eher neurologisch psychiatrisch ist, erzählt sie mir, dass unser Fahrer Puje gerade genesen ist von einer größeren Herz-OP und ihm mehrere Katheter eingesetzt wurden.

„Sag ihm, er soll abnehmen!", scherzt sie und deutet auf seinen kugeligen Bauch. Tage später wird mir Shinney erzählen, dass ihre 16-jährige Tochter eine Leseratte ist. Sie bringt ihr dauernd Bücher aus der Bibliothek mit, und im Augenblick steht sie auf Haruki Murakami.

Sie liebt Beschreibungen, wo man sich Gedanken machen muss über den Charakter der Figuren und wo mit Realitäten gespielt wird. Ihr Studienwunsch ist Psychologie.

Von Haruki Murakami habe ich jedes Buch, und eben noch war ich davon überzeugt, dass Psychologie in diesem Land nicht zu erklären ist.

Jetzt stand ich hier, beschämt über meine eigenen Klischees, fassungslos über soviel koloniale Arroganz! Ich, die immer das Vertraute im Fremden suchte, sah hier Fremdes, dem die globale Welt schon längst zur Gewohnheit geworden war!

Shinney hatte uns von den unzähligen Satellitenschüsseln erzählt. Jede Jurte hat heute einen Fernseher, und vor den meisten steht nicht nur ein Moped, sondern auch ein kleiner Pick-up.

Alle Leute benutzen ein Handy. – Das sah ich doch seit Tagen! Sie haben amerikanische Lieblingsserien, und wenn sie etwas nicht verstehen, googeln sie es.

Ich war erleichtert, als es am Nachmittag anfing, in dünnen Fäden zu regnen. Der Besitzer der Anlage hatte uns ein Feuer in dem Bollerofen unserer

Jurte gemacht. Es war gemütlich warm und ich streckte nach der langen Fahrt meine Glieder. Bei dem Wetter würde der Aufstieg mit den Pferden zum Kloster wohl ausfallen. Hier in der Einöde runterfallen und mir die Knochen verrenken! Stunden, ein ganzer Tag wäre es bis zur Hauptstadt! Punkt 17 Uhr stand Shinney in der Tür.

„Wir gehen mal schauen! Wir gucken mal! Die Treiber warten mit ihren Pferden hinten am Fuß des Berges."

Sie hatte sich am Nachmittag unsere knappe Unterhaltung übersetzen lassen. Ich hatte meine Angst vor den Pferden beschrieben und meine Stimme war vielleicht eine Spur schrill geworden.

„Ich lasse mich zu nichts zwingen!"

Meine Fleecehose hatte ich über die Leggings gezogen. Die Stulpen konnten ruhig nass werden. Die Mütze unter dem weiten Regencoat war wie ein gemütlicher Helm.

„Puje wird dein Pferd an der Leine halten und es führen."

Obwohl ich wusste, das Puje in Ulan Bator aufgewachsen war, in einem der ärmeren Randbezirke, in denen die Zuwanderer gedrängt ihre Jurten aufschlugen, und er wahrscheinlich nie mit seinem Pferd große Herden in schnellem Galopp auf andere Weiden getrieben hatte, stieg ich mit meinem linken Fuß in den Steigbügel, ließ meinen Körper von dem einen Treiber nach oben drücken und schwang dann mit aller Macht das rechte Bein über den Rücken meines Pferdes.

Der Pfad, den wir entlangtrotteten, war schlammig, und die Hufe der Tiere sanken mit einem leisen Schmatzen in den Dreck.

Puje schaute sich immer wieder nach mir um und führte mein Tier um die dicksten Astgabeln und Zweige. Mein Pferd tastete mit seinen Hufen den Untergrund, und an den Stellen, die rutschig und glatt waren, entschied es sich für eine schlammige Stelle, in die der Huf zwar reinsank, aber niemals zur Seite glitt.

Ich überließ mich dem Tier und Puje und merkte, wie mein Körper sich den ruckelnden, kurzen und unerwarteten Bewegungen hingab, die erst auf lange Dauer zu einem organischen Bewegungsablauf verschmolzen. Auch als es bergauf ging und steinige Felsbrocken den Pfad noch unwegsamer machten, änderte das nichts an meinem entspannten Zustand. Ich begann, den Weg zum Kloster dort oben zu genießen, und ich hätte mich immer weiter so führen lassen können.

„Der Fluss ist hier nicht passierbar. Es hat zu viel geregnet. Eine Stunde flussaufwärts, da ist die große neue Brücke!"

Wir sind auf dem Weg zu den roten Sandsteinfelsen von Bayanzag und hatten angehalten und das Fenster runtergekurbelt. Der Nomade, der auf seinem tänzelnden Pferd die riesige Schar an Rindern vor sich her trieb, war stehengeblieben und deutete mit seiner Hand auf die Hügel am Horizont.

Der Regen hatte aufgehört, und das Grün der grasbezogenen Hügel wirkte, als seien die Farben gerade frisch aufgetragen und noch nicht getrocknet.

Eine Stunde kann viel sein. Hier scheint sich die Zeit in ihrer Dimension der Weite und Unendlichkeit der Landschaft anzupassen.

Shinney und Puje flüstern und immer wieder zeigt Shinney auf eine bestimmte Spur, der Puje dann folgt, auch wenn es im letzten Moment ist und wir hinten schräg in der Kurve hängen. „Tschi, tschi, tschi!", zischt Shinney, und Puje gibt Vollgas, die Räder drehen kurz durch, greifen den festen Boden, rutschen zur Seite, schlittern und bekommen wieder Fels zu fassen. Wir fliegen mit den Köpfen an das Autodach und klatschen wieder zurück auf die Sitze. Puje lenkt immer wieder dagegen, als hätte er einen Stier zu bändigen, der in die falsche Richtung will. Sein Fuß geht nicht vom Gaspedal. Und wir halten uns krampfhaft fest, damit wir nicht abgeworfen werden und gegen die Fensterscheiben krachen.

Als der Wagen wieder festen Grund gefunden hat, wagen wir zu atmen. Wir schlagen Puje auf die Schulter, kriegen uns kaum noch ein und preisen seine Reaktionsfähigkeit und Fahrkunst. Wir kannten keinen, der die Gefahr so schnell erkannt hätte.

Puje dreht sich zu uns um und lacht und wischt sich mit dem kleinen Handtuch den Schweiß aus dem Gesicht und dem Nacken.

Und als Shinney dann übersetzt, dass ein entgegenkommender Fahrer ihn am Abend schon vor solchen seichten Untiefen auf der Strecke gewarnt hatte, guckt er in den Rückspiegel und lacht und nickt.

Am Abend sitzen wir vor dem Restaurant unserer kleinen Anlage mit Rundzelten und starren auf die Farben am Himmel und die untergehende Sonne. Shinney ist zum Abendessen in weiten Pluderhosen erschienen. Sie trägt Sandalen mit Absatz und hat ein Tuch aus Paschminawolle um die Schultern gelegt. Zart wirkt sie auf einmal, und ich kann mir zum ersten Mal vorstellen, dass sie verletzbar ist.

Wir kennen sie nur in Funktionskleidung, straff und muskulös, und gestern hatte sie uns erzählt, dass sie auch in der Armee war und gelernt habe, sich zu verteidigen! Aus dem Stand heraus drehte sie sich plötzlich um ihre eigene Achse, stieß den Fuß mit Wucht in die Richtung von G's Unterleib, und ehe der etwas begreifen konnte, stoppte ihre Handkante knapp vor seinem Gesicht.

Die Übernachtungsgäste in den Nachbar-Jurten sind eine deutsche Familie mit ihren großen Kindern. Auf der Terrasse des Restaurants greift der junge Mann zur Gitarre und spielt Songs von den Beatles. Wir alle, auch Shinney, singen leise mit.

Als er Lieder von Dschingis-Khan spielt, drehen wir uns erstaunt zu Shinney. Sie ist textsicherer als wir.

Dsching, Dsching, Dschingis-Khan,
lasst uns Wodka holen (hohohoho)
Denn wir sind Mongolen (hahahaha)
und der Teufel kriegt uns früh genuuuug !"

„Meine Eltern haben das immer gesungen, wenn sie kochten oder im Haus räumten", lacht sie. „Sie liebten diese Gruppe!"

Kennst du auch *„You can win if you want"* von Modern Talking oder *„You're my heart, you're my soul"?*, fragt sie den Gitarrenspieler. „Das Duo war in den 80er Jahren in der Mongolei ein Hit!"

Längst hat der den Text gegoogelt. Der Vater der Familie hilft etwas mit der Melodie nach und dann singen wir gemeinschaftlich in den Abendhimmel:

Cheri cheri Lady!
Love is where you find it
listen to your heart!

Ingeborg Lehnertz Schröter

In memoriam Aylan Kurdi
(15. September 2015, ertrunken im Mittelmeer)

Aylan Kurdi, menschliches Strandgut im türkischen Bodrum 5000 m vor der griechischen Insel Kos angeschwemmt, im Schlauchboot gekentert, ein Kind auf der Flucht, drei Jahre alt ist es nur geworden – wir sehen den aus der Schmuse-Halt-Umklammerung losgerissenen Schwarzwuschelkopf vor uns, stellen uns vor, wie sich das Meer vor deinem sprachohnmächtig gurgelnden Mund zwischen dir und deiner Mama Rehan zu einem weiß aufschäumenden Wasserfall aufbaut, sich dazwischendrängt, sich zwischen dich und deinen Bruder Galip zwängt, deine kraftlos erweichten Arme von deinem Körperchen herabgleiten, dein Kopf nach hinten gerissen wird; das Letzte, was deine Mutter von dir sehen kann – wenn sie es denn noch konnte – werden deine riesig aufgerissenen – ach – so schön' braunen Augen über der Wasseroberfläche gewesen sein ...

Ein Bild geht um die Welt vor den Augen der schussbereiten Presse, so sehen auch wir am Tag danach das kleine Kind an einem windstillen Meer am Morgen vor uns am Strand herumkugeln.

Blau durchscheinende Wellen stülpen ihre Tentakelspitzen um die 30 Grad gekrümmten Beinchen, kitzeln mit sandigen Zungen das parallele Fußpaar in Halbsocken und blauen Turnschuhen, Größe 28, treiben ein sanftes Wiegespiel mit ihm, als suchten sie mit ihren gleichförmigen Bewegungen es aufzuwecken, raunen auch ihm vielleicht in die sandgefüllte Ohrmuschel die Worte der Beschwörung:

„Komm, schönes Kind, komm mit mir, komm zu uns auf den dunklen Grund, dort warten schon deine Mama und Galip, dein Bruder, auf dich, viele andere kleine Kinder, Freunde, rufen dort: Komm zum Spiel – tief unten gibt es auch für dich im immerwährenden Dunkel auf weichem Grund ein Zauberreich von nie geträumten Regenbogenpflanzen, glubschäugigen Wassertieren, muschelgoldüberzogenen Piratenfregatten ...!"

Kleine Wellen rollen mit ihren spritzigen Fingerlingen über ihm hin und her, bedecken Stirn und Rücken mit einem blassen Wasserteppich – zu dünn, um ihn einzurollen, um ihn mitzunehmen, vergebens schlingern sie zärtlich ihm um den nackten Bauch, zu schwer lagert das Körperchen mit dem hochgezogenen, verrutschten T-Shirt im langsam trockener werdenden Sand in der aufgehenden Sonne.

Eine letzte Woge um das runde Halbprofil bis zu den fest zugedrückten Lidern herum, braun-weißer Halbmond, typischer Kindchenschemakopf, nur leider tot.

Modellierte Alabasterplastik, nasskalt-wachsweich, keine Nase, der kleine Mund verhüllt, aufgeschlagen ins grauweiße Kiesbett, schon halb in die Meereswelt aufgenommen, wie im Tiefschlaf hingekauert, liegend.

Wer war das Modell? .... **BIS**:

von oben starke Arme erschrocken greifen, befühlen, in die schlimme Welt da oben es mit sich bergen. Zwei Welten – gleich fremd, unergründliches Kommen und Gehen ... Menetekel, Apokalypse now:

Europa, Afrika, Asien, von Krieg und Terror verwirbelte Menschenmassen als schäumende Gischt, weg von ihrem bekannt-verfremdet-zerstörten Festland an unbekannte Ufer.

Kraftvolle Arme, warme Alu-Decken, Chai zwischen salzig aufgesprungenen Lippen, tröstende Laute in fremd-vertrauter (Menschen-)Mutter-Sprache – „sch sch-sch" ....

Nicht immer erwartet solches die Lebenden, Überlebenden, Wanderer zwischen Tod und Teufeln – auch dafür sind sie da, die vielen starken Arme, Gedungene, um sie, die **ZUVIELEN**, wegzuschieben, zurück in Flut, Krieg und Unheil.

Unergründlich ist das Meer, alle Himmel leergeschossen.
Zukunftsnebel, Gehen und Kommen zu Tausenden,
Millionen in unwirkliche Welten ...
Wo liegt das Heil?
Aylan – wo bist du jetzt, dein Schrei nach Leben; wo dein fünfjähriger Bruder, wo deine Mutter?

Ob dein Vater noch Kraft haben wird, ein neues gelobtes Land zu finden, eine neue Familie zu gründen ...! Allah'u'akbar! – wie groß ist Gott wirklich oder wie fern beim Freitagsgebet?

Anonymer Friseur aus dem zerstörten Kobane, dein Vater Abdullah, mehr als eine Stunde versuchte er, den hohen Wellen auszuweichen, hat sich, solange er konnte, am Rand des gekenterten Bootes festgehalten; als die Küstenwache nach drei Stunden ihn findet, hat er seine Familie verloren, er wurde gerettet ...

Christiane Eichler-Magdsick

aleppo

dächer im morgendunst
strenge linien auf ab
noch sind die buchenblätter grün
rascheln hart im wind bald fallen sie
und wehen gekrümmt dahin
hoch strecke ich den arm
reibe die fenster blank
die tochter will nach alicante fliegen
wolken ziehen ins blau
schön ist es am niederrhein
karmin rosa gold
der himmel am nachmittag wie bei C.D.F.
wiesen felder offenes land
schwarze bäume fliegen vorbei

der rote halbmond blutet aus
staubwolken quellen
dächer stürzen
erschrocken blickt europa auf
eiserne gerippe berstenden beton
krankenhäuser brennen
tag für tag
sachzwänge dominieren die UN
der himmel schreit
heckenschützen
haben ihre opfer im visier
tag für tag gebeugte schatten
hände wärmen das kind

glauben nicht an den tod tag für tag
herzen bluten in der wüste

tag für tag wachen kerzen vor der pieta
schmelzen schicht um schicht tropfen
fließen menschen starren
eisschollen treiben schnee deckt zu
auf dem altar ruhen berge aus wachs

Christiane Eichler-Magdsick

humus

auch wir waren habenichtse
flüchtlinge im eigenen land
nicht sprachlos nicht
in einer fremden kultur doch hüben
und drüben prallten aufeinander
lange warteten wir draußen vor der tür
wir lernten
im rheinland kaufen evangelen
ihr brot nicht beim katholischen bäcker
wir lernten feudel und wischtuch
sind ein und dasselbe
wir lernten

starke und mutige fliehen
ich schaue in dunkle männergesichter
wie groß muss die not sein
um frauen kinder und eltern
den garten mit den dattelpalmen
ziegen hunde katzen
zurückzulassen zwischen heckenschützen und handgranaten
erwartungen und verpflichtungen
wiegen schwer im gepäck

bunt flirrt hoffnung um ihre herzen
auf auf in die zukunft
mit dem handy in der hand
dunkle augen schauen mich an
türen werden geschlossen

der weg wird schmal seit der sylvesternacht
das seil ist gespannt
neugier und toleranz schwanken
ängste und misstrauen lauern im gebüsch
grenzzäune schießen hoch

alles hat seinen preis
die gute botschaft lese ich in der zeitung
ein imbissbesitzer aus jerusalem
verkauft seinen hummus für die hälfte wenn
ja wenn juden und palästinenser
die cremige paste gemeinsam essen
hummus lieben alle ich auch
gemahlene erbsen und gewürze
kichern im geheimen

Christiane Eichler-Magdsick

für doris

gelb tanzt flattert schwingt
ein zitronenfalter
ein neuer mantel ein kind
die prinzessin auf der erbse schaukelt hoch
ihr gelber mantel strahlt in das leben
der vater wacht vor dem paradies

monte video er sah die zukunft
und wanderte aus
in breslau blieben eltern und geschwister
schwarze birken schwarze auen
am rio de la plata überlebte der arzt
glück wuchs ihm zu

der gelbe mantel sonne im winter
doch die prinzessin zieht einen flunsch
gelb im regengrau iiiiiihh
die tochter bettelt der vater beharrt
du hast gewählt
dein mantel ist von bester qualität

in der schweiz wird die prinzessin königin
beruf und kinder küche und kunst
schnippschnapp in staubigen journalen
sind frauen mit kecken schürzen
verantwortlich für seine blanken schuh
hanna höch lächelt postdadasurreal

kopf ab schnippschnapp
der dampfkochtopf ist auf dem markt
frauen werfen ihre augen und
hände schnippschnapp
nicht mehr eleganten männern zu
frauen und männer werden neu vermessen

mit ihren collagen wird die königin kreativ
vergilbte bilder
schnippschnapp nostalgie
stecken und stab im altweibersommer
der gelbe mantel ist dünn geworden
kinder und enkel lachen ihr zu

Christina Jansen

75. Gedenktag der Befreiung des KZ Auschwitz

Zwischen Weihnachten und Karneval sehe ich als 85-Jährige den TV-Dokumentationen zu. Jedes Jahr aufs Neue mit dem Grauen konfrontiert, vibrieren die Nervenzellen des Körpers, in dem seit Kindertagen Erinnerungen sich manifestiert haben. Mir drängen sich Bilder von Hieronymus Bosch ins Bewusstsein, auf denen tierähnliche Wesen Menschen verschlingen, deformiert durch das Wirken des Teufels.

In meiner Kindheit waren jüdische Familien unsere Nachbarn, mit lebhaftem Kontakt zu unserer Familie. Die Väter waren Kaufleute und Viehhändler und hatten eine Funktion in der Synagoge. Ihre Töchter waren Freundinnen der älteren Brüder.

Eine Szene im Hausflur: „Max, es wird Zeit, nach Holland zu gehen", sagte mein zitternder Vater. Die Vierjährige schaut in das lachende Gesicht des sehr schwarzhaarigen Mannes im schwarzen Anzug, der abwiegelt – dann einige Tage später doch mit seiner Ehefrau floh – und überlebte.

Ich erinnere mich an flüsternde Eltern: „Nun auch die Heumann Mädchen." – „Was? Wohin?" – „Ins Arbeitslager." – Eine verwirrende Antwort. Mit Vertreibung ins Arbeitslager wurden sie zum abgelehnten „Volk, das Jesus ans Kreuz geschlagen hat".

Beim ersten Nachkriegsurlaub in Katwijk aan Zee wurde ich von einer calvinistischen Pensionswirtin zum Haus hinaus gejagt: „Ihr habt mit Panzern unser Dorf plattgewalzt. Von den Juden ganz zu schweigen." Mit Entsetzen hörte ich diese mir bis dahin unbekannten Informationen und suchte kleinlaut und mit hochgezogenen Schultern ein neues Quartier.

Bei allen Auslandsaufenthalten in Europa, Asien, auch noch Mitte der 90er Jahre in New Zealand wurde ich als Nazi beschimpft. Niedergedrückt und voller Scham- und Schuldgefühle bewegte ich mich in paradiesischen Landschaften.

Mitte der 70er Jahre war ich in Kontakt mit US-amerikanischen Psychologen gekommen, die in den 30er Jahren aus Österreich, Rumänien und Danzig geflohen waren. Nun kehrten sie nach Europa zurück, „um die Deutschen zu humanisieren".

Widerwillig lernte ich zu verstehen, in welchem Umfang wir bereits als Kinder durch die Diktatur geprägt waren – noch länger dauerte es, mir der sprachlichen Relikte bewusst zu werden, die ja auch Haltung und Einstellung beeinflussen. Die Großherzigkeit meiner Lehrenden half mir, mich in einem schmerzlichen Prozess von Internalisiertem zu verabschieden und eine wohlwollende, verbindende Sprache zu erlernen. Dankbar entwickelte ich im Laufe der Zeit einen neuen Entwurf für mein Weiterleben.

Nun, während der TV-Dokumentationen im Januar 2020, kamen gleichaltrige Überlebende zu Wort, die im Kindes- und Jugendalter in Konzentrationslagern leben mussten. Erstaunt hörte ich Übereinstimmendes mit dem, was uns in Deutschland von offizieller Seite mitgeteilt worden war:

Auch sie glaubten an Arbeitslager.

Sie hielten Berichte über KZs für gelogen.

Sie erklärten jeden für verrückt, der über Gasöfen berichtete.

Bei der Einreise nach Israel waren sie als jugendliche Aufschneider beschimpft worden, die sich wichtig machen wollten. Auch dafür, sich nicht gewehrt zu haben. Über Generationen wurde ihnen verboten, über die Shoah zu reden. Sie mussten mit der Tabuisierung leben.

Ihre Aussagen wirkten beruhigend und aussöhnend auf mich.

Christiane Eichler-Magdsick

amok

ein wächter in der nacht
unauffällig seelisch instabil
einzelgänger außenseiter
hochgerüstet mit dem sturmgewehr
kopfüber kopfunter
über nacht
verrückt seine welt
amko ich stehe im heiligen gesetz omka
feuer und schwefel kamo kamo
ein vernetzter kämpfer im raumlosen raum
omka ich bin das gericht geiles gesindel
im gleißenden licht omka omka
kampf ist gottesgebot
amko omka sprengt den raum
omka omka herrscht im maschinengewehr
kamo schießt in den tanz
omka kamo der todestakt

jeder kann sich ein sturmgewehr kaufen
zur persönlichen verteidigung omka
omka ein rechtsanspruch
mit 30 000 toten im jahr
unsachgemäßer waffengebrauch
omka amko ein junger mann
stürmte den club
panik flucht 49 tote viele verwundete
kamo kamo für seinen gott
vielleicht den IS
amok von geistern besessen

blindwütig ein malaiisches wort
omka amko der amokläufer verschanzte sich
sturmgewehre zielen die spezialeinheit trifft

orlando die stadt
mit den freizeitsparks von mickey mouse & co
orlando die stadt
mit den meisten amok-opfern in den USA

Christiane Eichler-Magdsick

10.11.2016

rotgold zittert vor dem fenster
an rostigen blättern
regendiamanten

eine schlammschlacht ist vorbei
back to the roots
die erde bebt

moosgrün flechtengrau
kahle kronen
stechen den düsteren himmel

indianer und büffelherden das war einmal
für die menschenrechte
ist amerika nicht verantwortlich

modrige blätter unter bäumen und büschen
lichtgelb fällt das hasellaub
hoch schreien kraniche ins grau

zu teuer ist obama care
irgendwann decken farbige die weißen zu
ängste wachsen america first

dumpfes taubengeflatter
rote beeren fallen
tropfen perlen in mein haar

der demografische wandel steht vor der tür
bald kommt die mauer zu mexiko
europa erstarrt

wie konnte das passieren
windräder träumen
ich wandere mit dem hund in die wintersaat

Ingeborg Lehnertz Schröter

MENSCHEN- K- E- T- T- E

DIESE WELT:
fugenlos
vernetzt,
und trotzdem aus den Fugen,
verbunden, verbandelt,
verseucht,
terrorisiert, popularisiert,
konfiguriert.
Sie kommen von weit,
versinken tief, werden
gerettet, werden gejagt,
verbannt, verbrannt,
gezeigt, verdrängt, vertrieben
aus Heimat- und Friedensgefilden
obsolet geworden
wie die hungrigen Eisbär'n
im arktischen
Eiland,
während heiß erhitzte,
global vereinigte
Ströme des internationalen
Kapitals
zusammenfließen zur
Erdausbeutung,
Hegemonialherren
zur Völkerausrottung
sich verbünden,
wie immer schon, wie selbstverständlich,
und in unserer Festung E U R O P A

slim-fit gestylte Hoffnungsträger*innen
mit Visionen von Gerechtigkeitsgemeinwohl,
demokratisch legitimiert,
neoliberal verbrämt
oder faschistoid,
breit gestreut
wie die Pilze
aus dem Gras
schießen,
in das wir alle
beißen werden...
        (Wie früh – Wie spät?) –

MENSCH-NATUR-VER- K- E- T- TUNG

Roland Herzig

Pegida gäbe es nicht

Ich wurde erzogen, ich bin nicht einfach nur aufgewachsen.
Mir wurde beigebracht zu grüßen, wenn ich den Raum betrete,
bitte und danke zu sagen, das Alter zu respektieren und meinen Sitzplatz
älteren und beeinträchtigten Personen anzubieten,
Fragen zu beantworten, sei es mit ja oder nein, Bedürftige zu unterstützen,
und ich lernte, mich zu entschuldigen, wenn es erforderlich ist.
Außerdem wurde mir nähergebracht, die Menschen dafür zu lieben,
wie sie sind und nicht, wer sie sind oder was diese für mich tun könnten.
Wie schön ist das denn, so einfach schlichte Erziehungsregeln, die Respekt
und Vorstellungen von mitmenschlichen Umgangsformen zeigen,
die generationsübergreifend die Entwicklung von feindlichen, rassistischen,
diffamierenden, demagogischen und populistischen Vorstellungen im Keime
ersticken.
PEGIDA gäbe es nicht.
Antiislamisierungsvorstellungen wären überflüssig und unbrauchbar.
Antisemitismus würde sich auf den Duden beschränken, und verschiedene
Hautfarben hätten die Bedeutung, dass unsere Welt bunt wäre und farben-
reich.
Ein Blick in andere Augen wäre Wahrnehmung und Erkenntnis.
Gemeinsamkeit wäre Kulturaustausch und Akzeptanz.
Das Wissen von Politikern wäre weniger gefragt, Selbsterkenntnis und
Handeln das Ziel.
Selber denken hätte eine Renaissance, und Demokratie wäre kein Spielball
der Mächtigen.
Unsere Umwelt wäre keine Traumwelt, sondern eine eigene saubere ener-
gievolle Welt mit Zukunftsideen für nachfolgende Generationen.
So etwas kann Erziehung also auch bewirken.
Mensch, da kriege ich so eine richtige Sehnsucht …
Auch Lust dazu? – Ja, dann komm!

Roland Herzig

Ich mach' Kabarett

Ich mach' Kabarett, ich kann sagen, was ich will,
was mir nicht passt, was du nicht hören willst.
Ich denk', was ich will, und ich mach', was ich will.
Tja, so bin ich eben und bin glücklich, denke ich, denn ...
Ich muss nicht flüchten, ich habe auch nicht dazu beigetragen,
dass Menschen aus anderen Ländern in unser Land flüchten müssen,
habe abgewartet, einfach gewartet, ...
Ich habe immer die Presse verfolgt, sehe regelmäßig Nachrichten und habe
festgestellt, dass es Länder gibt, die reich sind,
die andere Länder wirtschaftlich ausbeuten mit scheinheiligen Begriffen
wie Globalisierung, Chancengleichheit, Religionsfreiheit und „die Erde gehört uns allen". Es wird dir versichert, jeder darf nach seinen Ideen und
Vorstellungen leben und glücklich sein.
Natürlich weiß ich auch, dass es Verantwortliche gibt, die das alles für mich
übernehmen und regeln. Deshalb gehe ich ja wählen.
Ich kann mich also entscheiden, welche Partei in unserem Land für mich
das Höchstmögliche an Glückseligkeit und Zufriedenheit erreichen soll.
Die Mittel kann ich mir also auch aussuchen. Nehmen wir Waffenlieferun-
gen an Saudi-Arabien, einem Land, das seinen Frieden mit 47 Enthauptun-
gen an einem Tag sicherstellt.
Es können auch deutsche Bundeswehrsoldaten nach Afghanistan oder Mali
geschickt werden und in andere Krisengebiete, das dient alles nur dem Frieden.
Und sollte irgendwo ein Krieg, ob heilig oder unheilig, aus Unzufrieden-
heit gewisser Völkergruppen entstehen, und Kulturen, Städte und Länder
würden vernichtet ...
Also jetzt stellt euch doch bloß mal nicht alle so pingelig an.
Die paar Flüchtlinge, die werden wir doch wohl noch verkraften, nach individuellen europäischen Vorstellungen und Standards verteilen wir sie doch

in Auffanglager und möglichen Masseneinrichtungen, die sind doch alle gut aufgehoben, und zwar so, dass die wenigsten von uns in Berührung mit unangenehmen Personen kommen. Wir verteilen doch gerecht, jedes Land Europas bekommt die Seinen, doch wir immer die meisten.

Hatten wir nicht schon einmal Lager, wo Menschen nicht verstanden, weshalb sie dorthin gekommen sind und die meisten niemals mehr zurückkehrten? Eigentlich sollten wir doch gelernt haben, was für die betroffenen Menschen ein Lagerleben bedeutet.

Doch wie betroffen sind wir eigentlich, wenn ich an die Flüchtlingslager Moria in Griechenland, Borgo Mezzanone in Italien und Vaybee in der Türkei denke?

Auch hier bedarf es einer hohen Konzentration auf das Überleben und eines universellen Glaubens, eines Tages eines dieser Lager verlassen zu können. Und sollten Flüchtlinge und anders Denkende in Silvesternächten unsere Frauen begrabschen und berauben, so haben wir wieder ein gesundes Feindbild und die Rückentwicklung zu einem Polizeistaat wäre ohne weiteres möglich.

Wir schaffen das, jaja, das tun wir wohl.

Doch langsam werden die Türen zugezogen, es kommen immer weniger Flüchtlinge.

Oder sind es bereits so viele, dass die Medien Angst haben, uns das Ergebnis mitzuteilen, damit wir schön ruhig bleiben?

Die Kriege auf der Welt enden nicht,

warum auch immer, der Terror breitet sich aus.

Doch mit dem ist bald Schluss, wir haben jetzt die Beweissicherung – und Festnahmeeinheit, die Polizei für Terrorismusbekämpfung.

Bei all diesen Sicherheiten können wir doch nur zufrieden sein.
Mensch, denk doch mal nach,
also so richtig nach.
Irgendwie wirkt Zufriedenheit in diesem Zusammenhang so öde
und geschmacklos.
Also, so richtig zufrieden, na ich weiß nicht ....

Christiane Eichler-Magdsick

sisyphos arbeitet

so geht es nicht ....
stell dir vor ..... der hat ....
ich reiße mir den arsch auf
o-ton einer lehrerin
die empörung kenne ich
alte fotze missgeburt
ein junge schreit – eltern schweigen
der lippenherpes blüht

musst du noch mal auf die toilette?
faule socken laufen in der stunde
ich streiche fehler an
sie kommen ohne hausaufgaben
ohne zahnbürste und schlafanzug
stehen sie in der jugendherberge
viele werden sitzenbleiben
dabei könnten sie es schaffen
schule erzieht nicht sagen die eltern
fäule und schimmel
die brote gammeln im ranzen
gefaltete botschaften
liegen plötzlich auf dem tisch
auch in der vierten klasse noch
herzen und klee
dein neues t-shirt gefällt mir
schön war es heute

friss vogel oder stirb
ich weiß nicht

wie man seine kinder schützt
wenn alle in todesangst atemlos
rennen und stolpern
und in den ruinen einen winkel suchen
wo die suppe brodeln kann
noch leben wir
sisyphos verpflichtet zum glück
syrische flüchtlinge
sehen in köln die fotografien
der im 2. weltkrieg zerbombten stadt
ein zeichen der hoffnung
dann schaffen wir das auch

„Die gefährlichste aller Weltanschauungen ist die Weltanschauung derer,
die die Welt nie angeschaut haben."

Alexander von Humboldt

Hanne Gertz

Iran – Zauber und Verwirrung

Vor der Abreise wurde ich immer wieder mit der Frage konfrontiert:
Iran – Islamische Republik, ein Gottesstaat, da willst du hin?
Iran – wo Menschenrechte unterdrückt werden, es keine Pressefreiheit gibt,
eins der wenigen Länder der Welt, in der Frauen ein Kopftuch tragen müs-
sen, da traust du dich hin?
Iran – ein Überwachungsstaat, wo Wirtschaftssanktionen das Leben beein-
trächtigen, wo eine erschreckend hohe Zahl an Hinrichtungen stattfindet,
ist das nicht zu gefährlich?
Die Lufthansa bringt mich in fünf Stunden nach Teheran. Kurz vor der
Landung die Aufforderung: „Wir bitten alle weiblichen Gäste, jetzt ein
Kopftuch anzuziehen."
Die Flugbegleiterinnen präsentierten sich ab sofort im schwarzen Tuch
über ihren Kappen.
Ich habe eine Auswahl an Schals dabei, lange Blusen, die die Körperformen
verdecken, weite Hosen, geschlossene Schuhe, keine lackierten Nägel.
Auf der Fahrt vom Flughafen in die Innenstadt beobachten mich auf groß-
flächigen Hauswänden, auf überdimensionierten Plakaten entlang der Straßen die Gesichter zweier bärtiger Männer, die des verstorbenen Revolutionsführers Ruhollah Chomeini und des amtierenden Revolutionsführers Ali
Chamenei. Dazwischen immer wieder Fotos unzähliger Männer, Märtyrer
des ersten Golfkrieges vor fast 40 Jahren. Helden der Regierung. Helden
des Volkes?
Überall im Iran begleiten mich diese Bilder in großer Fülle an Moscheen,
an öffentlichen Gebäuden, in Restaurants und Hotels, in den Basaren. Anfangs spüre ich Beklemmung, die sich im Laufe meines Aufenthaltes löst.

Kritisch schaue ich den beiden alten Männern in die Augen, spüre durch die vielen Begegnungen, welch autoritäre Führung das Land hat.

Denn da sind sie, die Menschen. Ihre Herzlichkeit, ihr Lachen, ihre Neugier, ihre Gastfreundschaft, ihre ständige Lust, Fotos zu machen – mit mir, mit ihren Kindern, mit der Großfamilie, mit ihren Freunden.

Gespräche, Einladungen zum Tee mit spontanem Körperkontakt trotz striktem Verbot und immer wieder die Frage: „Warum besuchst du den Iran, was denkst du über uns, über die Politik der Amerikaner? Kann ich deine Telefonnummer haben, kann ich in Deutschland eine Stelle finden?" Mal in fließendem Englisch, oft mit Händen und Füßen, immer mit einem Lächeln.

Ich spüre, dass viele Iraner eine Routine entwickelt haben, hinter verschlossenen Türen und dreifach verhängten Fenstern die strengen Gesetze der Regierung zu brechen trotz drakonischer Strafen.

Ein Leben zwischen Hoffnung und Widerstand.

Ich lasse mich verzaubern von den Menschen und fühle mich gleichzeitig verwirrt.

Teheran, 15 Millionen Einwohner, Luftverschmutzung und Verkehrschaos, halsbrecherische Autofahrer. Auf oft 12-spurigen Straßen endlose Staus: Autos, Roller, Räder, überladene Pick-ups, überfüllte Busse, strikt getrennt, Männer vorne, Frauen hinten, Menschen mit Masken vor Mund und Nase, extremer Smog. Eine Straße zu überqueren bedeutet mutiges Überlebenstraining.

Besuch im riesigen, völlig überfüllten Basar in Teheran. Unter meinem Kopftuch ein unangenehmes Kribbeln: Hitzestau. Zwei Klämmerchen halten es standhaft auf dem Kopf fest. Die beiden bärtigen Männer sind zufrieden. Standhaft halte ich die Regeln ein.

Mittagszeit, schier endlose Warteschlangen vor einem urigen Basar-Restaurant. Mohammad, unser Reisebegleiter, organisiert in kürzester Zeit einen Tisch für uns Ausländer. Die Iraner rutschen zusammen: Touristen, Deutsche! Begeisterung, Lachen, Fotos. Bald werden köstliches Huhn, Lammkebab, Fisch, Safranreis, Auberginen serviert, die typischen Landesgerichte. Es ist eng, laut, heiß und wunderbar.

Und da ist er, ein gepflegt aussehender Mann, vielleicht 60, Nickelbrille, graumelierte modisch geschnittene Frisur. Er sitzt auf dem Boden des breiten Bürgersteiges an der achtspurigen Hauptverkehrsstraße. Eine Personenwaage steht vor ihm. Mit verlorenem Blick schaut er auf seine Waage, bietet still seine Dienstleistung an. Ich halte inne, unsere Augen treffen sich, lassen mich nicht mehr los. Soll ich seine Dienstleistung in Anspruch nehmen, soll ich ihm Geld geben? Lange schauen wir uns an. Dann geht ein Lächeln über sein Gesicht. Entspannt lächle auch ich ihn an, verbeuge mich.

Inlandflug in den Süden, in die Stadt der Rosen, Stadt der Paradiesgärten, Stadt der Dichter. Shiraz. Persische Poesie am Grab des weltberühmten Poeten Hafis. Seine Gedichte sprühen vor Lebensfreude, Kontrast zu den Verboten der heute herrschenden Mullahs.

Persepolis. Vor 2500 Jahren die erste Supermacht der Geschichte. Phantastische Reliefs zeugen noch heute von Pracht, Prunk und Handwerkskunst der einstigen Königsstadt.

Im angrenzenden Park auf den Rasenflächen überall Menschengruppen. Auf mitgebrachten großen Teppichen Töpfe, Gaskocher, Kannen, Geschirr, Körbe mit Picknickutensilien. Fröhliche Stimmung. Einladungen zum Essen, Tee trinken. Wir rutschen auf dem Teppich zusammen, vom Nachbarteppich wird Kuchen gereicht. Natürlich Fotos. Wieder spüre ich den Zauber.

Lange Wüstenfahrten auf der Route der Seidenstraße. Leuchtend weiße Salzseen, alte Karawansereien. Kamelherden mit Hirten, gegerbte Gesichter. In der Ferne Gebirgsketten, 4000 m hoch, bizarre Felsformationen, von der Sonne rätselhaft in Szene gesetzt.

Steinwüsten, menschenleer. Eine kleine Oase, verlassene Lehmhäuser.

Ankunft in Yazd. Die Altstadt ganz aus Lehm gebaut. Frauen im schwarzen Tschador huschen durch die engen Gassen.

Auf der Dachterrasse eines Lehmhauses das gemütliche iranische „Familiensofa" auf vier langen Beinen, mit dickem Teppich und Kissen ausgelegt. Duftender Tee, roter Abendhimmel.

Der Muezzin ruft zum Gebet. Sein Gesang wird durch die Gassen wundersam vervielfacht. Zwischen Kuppel und Minarett leuchtet der Mond. Der

Blick gleitet über die Dächer. Stille breitet sich aus. In der Altstadt. Auf dem Teppich.

Die Türme des Schweigens, in einsamer Wüste. Ehemalige Bestattungsstätte und Erbe Zarathustras. Seine Lehre prägt auch heute noch das Leben vieler Iraner.

Weiterfahrt vorbei an Pistazien- und Safranfeldern, Berberitzensträuchern und Bäumen mit leuchtend roten Granatäpfeln.

In der Ferne Isfahan, eine der schönsten Städte im Iran. Sie verzaubert mit prachtvollen Moscheen, Palästen, Mousoleen, phantasievollen Gärten, dem Labyrinth der farbenfrohen Basare und dem gigantischen Maidan-e-Imam-Platz, zweitgrößter Platz der Welt. Doppelstöckige Arkaden umrunden den Platz. Wasserläufe, Springbrunnen, Grünflächen mit picknickenden Menschen auf ihren Teppichen, Kartenspielende junge Iraner, coole Frisuren und T-Shirts, immer das Handy zum Foto bereit. Gespräche, Lachen, Fragen, Deutschland!

Bildhübsche junge Frauen, perfekt geschminkt, die üppigen Haare locker unter gezielt verrutschtem Kopftuch, ihr stiller Protest gegen die strengen Gesetze. Ihre Körper unter knielangen, meist schwarzen Mänteln, modische Jeans und trendige Schuhe schauen hervor. Viele haben ihre Nasen unter großen Pflastern versteckt, Schönheits-OP, angesagter Trend in vielen Städten. Das alles unter den Blicken der zwei bärtigen Männer.

Der Süden des Platzes wird von der Imam-Moschee (auch Königsmoschee) begrenzt. Eine faszinierende Fülle an blau, grün, gelb, rot, türkis gestalteten Fliesen, Meisterwerk persischer Handwerkskunst, vollkommene Harmonie. Dann plötzlich, völlig unerwartet, beginnt Mohammad in der Mitte der 54 m hohen Kuppel der Moschee sein Gebet. Bedächtig neigt er seinen Körper nach Osten, streckt seine Arme vor seinem Körper aus, die Handflächen zum Himmel. Er beginnt, aus dem Koran zu singen, vom Echo der riesigen Kuppel vielfach verstärkt. In bedächtiger Bewegung bedeckt er seine Ohren mit den Händen. Völlige Konzentration.

Sein Gesang breitet sich aus, erhebt sich über die Säulen. Kraftvoll und doch sanft schwebt er durch den Raum, wundersam verstärkt aus der Kuppel der Moschee.

Hanne Gertz

Aus dem Nichts

Bauschige Wolken, weiß und leicht, schweben durch meinen Körper, hüllen mich beschützend ein. Nur dann und wann dringt ein Piepsen, ein greller Lichtstrahl, ein aufdringliches Ticken durch die dicke Wolkenwand, stören meinen Wolkentanz.

Ein grüner Mensch fummelt an meinem Körper, spricht zu mir. Ein kurzes Blinzeln, nein, ich will mich in meinem Wolkenbett vergraben, da bin ich sicher.

Zwei Tage, nur langsam bahnt sich mein Bewusstsein einen Weg in die Welt um mich herum. Die verschwommenen Gesichter meines Sohnes, meiner Schwiegertochter erscheinen im Nebel, verschwinden wieder, mischen sich mit Traumbildern.

Die Zähigkeit der siebenstündigen Anästhesie. Mein Körper völlig verkabelt, bewegungsunfähig, auf Mund und Nase ein Beatmungsgerät. Infusionen – heilendes Gift – nehmen die Übelkeit und die Schmerzen und mein eigenes Körpergefühl. Mein Herz will nicht so recht, wiederholte Eingriffe, erneute kurze Narkosen, Elektroschocks. Schließlich nimmt es seine Arbeit auf.

Hightech-Medizin 2019. Zurück ins Leben.

Ein ständiges Kommen und Gehen der Intensivschwestern, der beschäftigten Ärzte. Ich liege da im Krankenhaushemd auf der kardiologischen Intensivstation, schaue auf das riesige, gerahmte Foto direkt vor mir an der Wand über meinen Füßen: dunkle Wolken, schwarze Felsen, ein brausendes Meer, bedrohlich wirkender Strand. Mein Blick flieht zum Fenster, überall das leicht rostige Gestänge des Klinikums. Kein Himmel, kein Baum, keine Welt. Nur manchmal setzt sich ein schwarzer Rabe kurz auf die Rohre. Ich möchte mit ihm fliegen, entfliehen in einen blauen Himmel.

Halbhohe Wände trennen die Patienten, nur die Füße meines Nachbarn kann ich sehen. Ein ständiges Ticken und Schrillen, das Stöhnen und Phantasieren der Mitpatienten, eilige Schritte des Personals, sieben endlose

Nächte, im Albtraum gefangen. Ich liege da, fühle nichts, denke nichts, lasse alles geschehen.

Am vierten Tag spürt ein junger Arzt meine Verwirrtheit, mein Nichtverstehen. Er spricht über die schwere Operation, über meinen momentanen Zustand: „Es ist, als wenn ein Lkw über Sie hinweggefahren wäre." Endlich ein Bild, ein Verstehen, was mit mir passiert ist. Ich halte das Bild fest, fast eine Tröstung. Es fühlt sich genau so an, ich begreife langsam.

Es kam alles so plötzlich, aus heiterem Himmel, aus dem Nichts. Ein eisiges Band schnürte von einem auf den nächsten Moment meinen Brustkorb zu, ich bekam kaum Luft. Gleichzeitig plötzlich starke Schmerzen im Unterkiefer. Hausarzt, Klinikeinweisung. Alles ging sehr schnell. Ich informierte meinen Sohn in München, sofort machte er sich auf den Weg.

Im Chaos meiner Gefühle, in den Turbulenzen meines Körpers suchte ich nach einem neuen Zaubersatz. Sätze, die mich in den letzten Jahren positiv begleitet hatten. Auf meinem großen Spiegel im Bad stand aktuell der Satz: DAS LEBEN IST SCHÖN! -- Ich putzte ihn weg.

Mit rotem Edding schrieb ich das eine Wort

VERTRAUEN!

Dann fuhr mich mein Sohn ins Uni-Klinikum.

Claudia Peter

Ich liege hier

unbedarft, was da kommen mag
Schnell hinter mich bringen
die Freiheit, sie wartet, wartet auf mich
Ohne Job, ohne Pflichten
frei zu fliegen, frei zu radeln
frei sein, frei zu sein
Da ist was, was ist da
Ich verstehe nicht
Das Fenster nach draußen
verschlossen im Jetzt
Krater aus Schmerz
tiefes Leugnen
Krebs du Kuss Gottes
Häme oder Gedanken frei
Zeit zu grübeln,
Zeit zu treiben durch den Tag
gleiten, fliegen
frei in Gedanken
Über Bord mit den Erwartungen
Ich bin Glatze
Ich bin Schmerz
frei im Reden, frei im Tun
Ich sehe die Ängste in euren Augen
Sie engen mich ein
versuchen zu fangen
sie halten mich

Roland Herzig

Verse einer Renaissance

Vor der Tür erlebe ich einen wunderschönen Herbstwald,
Bäume, die sich durch ihre Blätter geschmückt anlächeln,
sich mit ihren Ästen streicheln und
pure Harmonie versprühen.
Ich laufe im Kreis, die Kraft, die schafft
und meine Gedanken lassen mich hoffen.
Sortieren, Suchen, unbedingt Finden.

Ich trainiere mein Herz,
verbunden mit Bewegung, die schmerzt,
ich trainiere nicht allein, meine Beine werden schneller jetzt.
Ja, ich werde alles geben
und die Hoffnung niemals „auf" …

Erschöpft, erschlafft, wie viel Kraft eine Woche fordert.
Sonnenstrahlen blinzeln in mein Fenster,
langsam weicht der Nebel aus meinem Kopf.
Ich streiche mir sanft mit der Hand über die Augen
und spüre meine zittrigen Finger …

Augenlider erheben sich langsam, sie sind von Last gezeichnet.
Voller Angst sind die Träume.
Durch ein Fenster sehe ich die Sonne schmunzeln.
Sie will mich in den Tag begleiten,
zögernd aufschauend, na los …

Der Arzt erklärt, „Sie sehen gut aus!"
Oh, denke ich, großartig, der meint wohl dich.
Unser Augenkontakt verrät mir seine Zeitlosigkeit.

Langsam verstehe ich und denke, wie oft hat er das schon gesagt,
ich hab nie mehr nachgefragt.

„Es ist klar, so kann es nicht weitergehen,
Ihre Krankheit wird als Störung aufgefasst.
Es hat Sie einfach hingerafft,
Ihre verstimmte Lebenskraft.
Hätten Sie auf sich Acht gegeben,
würden Sie jetzt besser leben.
SIE hätten ... hätten ... hätten, ja, ja"
Stimmt, hätte ich können,
hab' ich aber nicht.

WIE jetzt,
Schon als Kind schaute ich aus dem Fenster,
mit den Augen die Farben durchbohrend,
mit den Wünschen, die Gedanken zum Springen bringen,
mit der Sehnsucht, die den Herzschmerz betreibt.
Es ist wie eine mich durchdringende Inkarnation.
Ich werde mich neu entdecken müssen.
Ich werde leben,
„Kleine weiße Taube, flieg' für mich!" ...

Ja, wir sind Schicksalskinder,
um mich herum stechende, traurige, fragende, hilflose Blicke,
aus Augen mit vielen Farben und verschleierten Gedanken.
Wir sind eins und doch nicht.
Berührungen leben in Fantasien.
Der Herzschlag ist zu hören
von jedem, und das ist gut.
Wir wenden uns voneinander ab,
jeder geht seinen Weg,
doch nicht mehr allein.

Roland Herzig

Alt, alt, uralt, es verändert die Gestalt

Nein, nein, nein, absolut nein!
Niemals wanken, niemals schwanken,
niemals alt, nein, niemals …
Wer alt denkt, ist alt, alt denken ist falsch, macht ängstlich.

Altes Denken,
ständig kreisende Gedanken, in einer Welt, die es zu entdecken gilt,
eine unbekannte Größe, in der Veränderungen spürbar sind,
langsames Annähern, Unsicherheit, Skepsis.

Ein früheres Leben war mit Aufgaben verbunden.
Wie verändere ich Aufgaben in Gedanken?
Klassisch konditionierte Aufgaben des Lebens, erlernt, anerzogen, entwickelt.
Programmierter Ablauf, jugendliche Sicherheit, Lebenssicherheit,
jetzt wirre Gedanken …

Die Sucht nach Aufgaben wächst in mir,
meine Aufgaben haben mich verlassen, die Sonne meines Inneren,
Kraft, Anerkennung, Bestätigung, Verantwortung, Stolz.

Plötzlich Stille.
Lernen Abschied zu nehmen, Loslassen kommt in meinen Sinn,
ich bin allein.
Das also wolltest du, das also hast du gesucht.
Alt werden, um allein zu sein.
Verzweiflung, Dunkelheit,
langsam einschlafen,
Angst vor dem Aufwachen.

Erinnerungen an meine Kindheit kehren zurück,
anders als vorher.
Jetzt habe ich Zeit, meine Kindheit neu zu sehen,
mit dem Alter kann ich meine Kindheit als Erwachsener betrachten,
fühle die Trauer in mir.

Alter also die Zeit des Verstehens.
Sich selber danken und verzeihen für Getanes, Erlebtes und Gewolltes.

Das Verlassen einer Zeitepoche, die nicht zurückkehrt.
Das Warten auf etwas Neues, auf eine Kleinigkeit,
die mich in die Arme schließt und mir verspricht,
dass Altwerden nichts Böses ist
und ich keinen Fehler gemacht habe .....

Chris Kilian-Hütten

Von dort aus gesehen

Es war nicht das erste Mal, dass ich diesen Weg wählte.

Schon damals – vor zwei ewigen Jahrzehnten, als ich mir sagte: *„Steh endlich dazu, diese runde Zahl beweist es, jetzt wirst du alt!"*, wollte ich mich in Eindrücke stürzen, die mich aus meiner Gewohnheit reißen, durcheinander bringen, mir hoffentlich vor Begeisterung den Atem nehmen und mir das Gefühl einflößen, dass mein Leben noch nicht erschöpft ist!

Indien versprach das auf eine komfortable Art und Weise. Ein Auto mieten hieß, den Fahrer gleich mitzubekommen – Besondere Unterkünfte waren erschwinglich, sodass man sich nach einer langen anstrengenden Fahrt über Land am Abend ohne weiteres in einem renovierten alten Palast wiederfinden konnte. Bei der Ankunft einen Kranz mit frischen, gelben Blumen um den Hals und ein Erfrischungsgetränk – das übliche Ritual.

Als wir in Delhi dann neben dem Kamel mit seinem Lastenkarren vor der roten Ampel stehen, die Kuh vor mir auf der Kreuzung von den Autos umfahren wird und wir beim Umschlagen auf Grün an der Beifahrerseite von einem Mann im Dauerlauf überholt werden, der eine Riksha hinter sich herzieht, da war ich mir meiner Entscheidung sicher.

Jahre später, als immer deutlicher wurde, dass meine alte Mutter, die bei uns lebte, auf das Ende zuging, griff ich noch einmal nach diesem Rettungsanker. Bei allem konnte ich mir ihren Tod einfach nicht vorstellen, und um meiner Traurigkeit und der aufkeimenden Angst etwas entgegenzusetzen, buchte ich wieder eine Reise durch dieses Land, wo so viele Männer noch einen Turban tragen und ich das Gefühl bekam, als könne ich an einem Tag von einer ziemlich ungewohnten Gegenwart ins tiefe Mittelalter und zurück reisen.

Man konnte damals in jedem noch so abgelegenen Ort Indiens sich in eine der engen gläsernen Telefonzellen zwängen und in alle Welt telefonieren. Und das tat ich dann auch jeden Tag zur gleichen Zeit um 17:00 Uhr, wenn ich wusste, jetzt isst sie zu Mittag. *„Geht es dir gut?"*, schrie ich dann in den Hörer. *„Alles in Ordnung! Alles prima, ich werde gut versorgt!",* war immer ihre Antwort. *„Wir sind gerade in Bundi* oder *Udaipur",* schrie ich dann weiter und war erleichtert, dass ihre Stimme froh und zugewandt klang. Als ich wieder zu Hause war und sie umarmte, küsste sie mich und flüsterte: *„Ich dachte, ich sehe dich nie wieder!"*

Nach ihrer Beerdigung brachen wir schon ein paar Wochen später wieder auf. – Wir waren spontan dem Vorschlag von Tony und Anne gefolgt, die wir bei der letzten Tour kennengelernt hatten. Das Erzählen war so leicht gewesen. Die Abende im Garten dicht und intensiv und gefüllt von Geschichten aus fernen Welten. In meiner Erinnerung verbunden mit dem Geschmack des Kardamom in unserem Chai latte und dem Zimt in der warmen Nachspeise. Selbst die Rosinen des exotischen Puddings lagen mir noch auf der Zunge. – Das Hotel in Jaipur war der Treffpunkt. Ein Auto mit Fahrer holte uns ab, und dann spürten wir die kleine Orte auf, fernab der üblichen Route und als Geheimtip gepriesen in dem dicken Indienführer von lonely planet.

Diese Bilder kamen mir schnell in den Kopf, wenn ich nun darüber nachdachte, wie und wo ich denn am besten wieder diesem kommenden runden Geburtstag mit seinen kraftvollen Gefühlseinladungen den Saft abdrehe.

Wir waren spät in der Nacht gelandet und hatten uns ein paar Stunden im Flughafenhotel aufs Ohr gelegt, bevor der Fahrer uns zu unserer Tour abholte.

Delhi ließen wir hinter uns. Seit Wochen nur Meldungen von Smog, der die Stadt zu ersticken drohte.

Unser Fahrer heißt Parveen. Zur Begrüßung faltet er beide Hände vors Gesicht und verneigt sich leicht. Wir nennen unsere Vornamen. 16 Tage würden wir zusammen sein. Jetzt bloß kein koloniales Getue!

„Madam, Sir! In Indien spricht man jede Person, die älter ist als man selbst, mit Madam und Sir an. Wir haben Achtung vor dem Alter und dem gelebten Leben. Ich bin 43 Jahre, und ich werde so gut für Sie sorgen, als wären Sie meine Eltern!"

Mir entfährt ein Lachen: *„Thank you!"*

Dieser Mann mit den vielen Falten, der runden Nase und dem Doppelkinn! Er hat selbst schon einiges an Leben hinter sich! Selbst die Finger, die das Lenkrad halten, sind wulstig. Der dicke Bauch macht das Anschnallen jedes Mal zu einer Prozedur. Bis der Gurt dann endlich weit genug gedehnt ist, piepst schon längst wieder die Warnanlage.

Parveen befragt uns ausführlich, so als wollte er abschätzen, w i e wertvoll genau seine Fracht ist. Als er erfährt, dass wir den gleichen Beruf haben, dreht er erstaunt den Kopf: *„Same, same, Madam; same, same, Sir?"* Bei jeder Pause, wo wir einen Tee trinken und die Fahrer sich zu einem Plausch zusammensetzen, wird er davon erzählen und wir bemerken Blicke voller Hochachtung, und es war, als färbe unsere Ausbildung auf unseren Fahrer ab, der ja nur mit Mühe die Zeitung lesen kann.

Parveen ist gesprächig. Er erklärt uns, dass Psychotherapeuten heilen ohne Medikamente ..., Bildung heutzutage alles sei und er seine Kinder, einen Jungen und ein Mädchen – beide –, zur Schule schicke. Indira Gandhi habe schon früh dafür gesorgt, dass die Eltern etwas geschenkt bekommen, wenn sie auch die Mädchen zur Schule schicken. *„Was zum Beispiel?"* *„Das kann ein Handy sein oder ein Tablet",* antwortet Parveen, und sein Kopf wackelt wie auf einem Kugelgelenk zufrieden hin und her.

Dann holt er weiter aus und beschreibt, dass die Frauen in Indien, auch seine Frau, das Sagen im Haus haben und viel viel Arbeit damit, für alles zu sorgen ... auch die Kinder zur Schule zu bringen und wieder abzuholen. Und dass er sich oft vor vielem drücken würde, wenn er zu Hause sei. Das Auto gehöre ja der Agentur, und wenn er zu Hause sei, wäre das dann am Morgen und am Nachmittag ein sehr langer, langer Fußweg, die Kinder zu bringen und wieder zu holen. Zwischen seinen Ausführungen unterstreicht er seine Meinung noch einmal, indem er sagt: *„I tell u the right!"*

Es ist garnicht so einfach, Parveen zu verstehen, da er meist nur Worte aneinander reiht: *„Girls go to school good!"* und manchmal Silben verwechselt, die sich ähneln.

Dazu kommt, dass er immer so klingt, als wälze er, während er spricht, auch noch einen Haufen Kieselsteine im Mund.

Nachdem er Engländer als mundfaul und reserviert beschreibt *("English people no speak", "sit in car and no speak")*, bemühen wir uns umso mehr, ihm zu folgen.

Zwischendurch höre ich nur noch auf die Melodie seiner Sätze und darauf, ob ich eher eine Zustimmung *"Yeah yeah"* folgen lassen solle oder ein *"Ahaaa"*. Aber manchmal fragt er *"not understand?"*, und dann suche ich es mir intuitiv aus, ob ich *"doch doch"* antworte oder *"no, not understand!"*

Manchmal wirft er auch ein Wort nach hinten, was ich in meinem ganzen Leben noch nicht gehört habe, und fragt, ob wir das kennen. Nein, ich weiß wirklich nicht, was *"PROSTINATION"* ist. Ich lasse das Wort mehrmals auf der Zunge zergehen. Sir kennt das Wort auch nicht.

Und dann umschreibt er lang und breit und es fallen Worte wie *"red light"*, und blitzartig ist mir klar, dass Parveen uns erklären will, dass es in jedem Dorf käufliche Liebe gibt und wir uns dann einig sind, dass das gesuchte Wort *"PROSTITUTION"* ist.

Wenn es mir zu viel wird, lehne ich meinen Kopf an das Polster und schließe die Augen.

Parveen ist diskret. Er weiß, dass wir mit der Zeitverschiebung zu tun haben, und vielleicht denkt er auch, wir brauchten in unserem Alter viel Schlaf. Wachen wir dann wieder auf, fragt er *"Good sleep, Sir? Good sleep, Madam?"* Um nichts in der Welt hätte er unseren Schlaf unterbrochen! Nur das Handy nimmt er an, da er ständig mit seiner Agentur in Delhi und der vom nächsten Zielort in Verbindung steht. Und in Indien darf man beim Fahren telefonieren.

Ich weiß noch nicht ganz, was ich davon halten soll. Wir fahren trotz guter, oft vierspuriger Straßen nie schneller als 70, aber gerade wenn wir uns wieder mal einig sind, dass er doch endlich mal Gas geben könnte, kommt uns auf unserer Seite ein Auto entgegen, oder es überquert nach einer Kurve plötzlich in aller Ruhe eine Kuh die Straße.

Christina Jansen

Alles lebt

Gelbe Birkenblatttupfer auf sonnen-
beschienenem grünem Grund,
grellrot leuchtet ein Polsterstuhl
vergessen auf der Wiese.

Einige Tage später breitet sich
ein geschlossenes Gelb über den Rasen.

... *„leise zieht durch mein Gemüt ..."*

Helles Rufen, Kreischen Kry Kry
zieht meinen Blick ins Blaue,
mehrere Kranichformationen
streben gegen Westen der unter-
gehenden Sonne entgegen.

Gerne möchte ich diesen Augenblick genießen,
*doch wie der Sand durch die
Uhr entschwinden sie schnell.*

Im Traum lässt sich ein
schwarzer Vogel
mit aufgeplusterten Federn
rund und satt zufrieden
auf meiner linken Schulter nieder.
Nächtliche Geister lassen sich
auch tagsüber kaum vertreiben.

Auf dem Wiesenstück hinter dem Haus
verfärbt sich das Laub rostig,
die Bank frostig weiß,
der rote Stuhl ringt um dunstiges Sonnenlicht.

Christiane Eichler-Magdsick

für rachel carson

dezemberwärme
ein nackter baum
mistelbesetzt
am boden
ein ast rindenlos
pilznäpfe
sammeln nässe

im garten
rosa porzellan
ein ros ist entsprungen
regenbetropft
die reine magd
der hasel stäubt
blätter bleichen
spitzen grünen
noch ein paar gilken
oder schon wieder
der stumme frühling

winter ade
die störche bleiben

Christiane Eichler-Magdsick

grenzwege

wandern über stock und stein pfützen
furchen eine grüne schlange
mit rötlichem rand ziegelsteinschotter
ein ackerweg zwischen löwenzahnwiesen
im gemähten gras sucht pickt ein fasan
wittert den hund schwirrt ab ins feld
kein wind in der gerste
hohe halme dicht gewachsen straff
borstige grannen
feldpinsel für van gogh
hahnenfuß sauerampfer wilde
wicken quecke und fuchsschwanz
am boden augentrost
diese wiese erfüllt nicht die norm der EU
und da
die alte weide
vor 30 jahren ein mächtiger baum
ihr stamm ist gespalten
klafft auseinander
und dennoch über mir
ein grünes dach
der üppige mai doch
den kuckuck höre ich nicht
im wuchernden grün die verlassene pelztierfarm
betonmauern stacheldraht
von dort schallte und lockte immer sein ruf
im sonnen- und schattengrün ein spitzer turm
giebel und dächer die silhouette von orsbach
noch ragt der mast vom schützenfest ins blau

funkelndes gold
auf einem blatt spreizt und
faltet ein käfer seine flügel
im sonnengefleckten grün sich zeigen
und verstecken ich wandere bergab
junge männer bergauf
wache gesichter lachen grüße im lichten wald
ohne geheimnis ohne gefahr der kampf
mit dem drachen das war einmal
bilder ziehen vorbei
versteinert im mantel gestiefelt
gespornt wartete die alte am straßenrand
von fern der paukenschlag
drängt noch einmal in den reigen
singen springen leben im letzten tanz
der tod geht voraus

aus dem wald ins grelle licht
vor hohen mauern stehe ich ein feste burg
in kirchenfeindlicher zeit bauten
die benediktiner ein wehrhaftes kloster
an der grenze zum großdeutschen reich
dumpfes dröhnen
der appenzellerhund flieht
weit schallen die klosterglocken dann
ein strenger letzter schlag
zeitlose sekunden stille
dann braust
und rauscht wieder die straße im tal

von aachen nach maastricht ohne schlagbaum
ohne zollkontrolle die EUREGIO
die grenze liegt im senserbach
an der furt fünf alte häuser
fachwerk und gebrannte ziegel schmale fenster
blausteingefasst ein mächtiges dach krumm
gebogen ein atmender leib er lastet
und schützt den vierkanthof seit jahrhunderten
mamelis .... dürers drahtziehermühle taucht auf

mit prallen eutern traben schwarzweiße kühe
an den zaun ihre milchleistung erfüllt
die wirtschaftliche norm
gelb markierte ohren wedeln
wehren die fliegen wieder und wieder rosige mäuler
tropfen am stacheldraht pusten schnauben
prüfen das schwarze tier
ein kälbchen kläfft und bellt

ohne passierschein im maiengrün wandern
unsere augen unterscheiden mehr
als dreihundert töne
blaugrün von gelbgrün und grünlichem gelb
grasgrün mistelgrün lindgrün und das grün
von reseda und smaragd
sowie permanentgrün und chromoxyd und
wandern im grünen am 14. mai 2014

Christiane Eichler-Magdsick

da da

sonne wasser schlaffe
fahnen grelle
bälle quallen liegestühle ping
ein hund springt auf
pong da da drei
generationen in zoutelande
da da da augen wandern
finger schnellen
da im pinzettengriff stock
und stein schmecken die da
tang algen fetzen spucke
und sand muschelschalen da
und da schattenfiguren queren
den weiten ebbestrand
stille kein tv da
da fliegen
gretas zöpfe von gipfel
zu gipfel mit brexit
ohne und da polizei in
hongkong verloren
im mövengeschrei schaukel
pferd und karussel
an der promenadenpiste
fliehen die nachrichten
wellen schlagen da eine frisbyscheibe
im wind das spiel beginnt
eine spur im sand
da da adams finger sichtet wie anna
prüft da da

das universum am küstenrand
die ursonate ts
tsii tsifff atmen
und strömen sst ta ffft ffft
über die bunkerkette des atlantikwalls
ffstt dada winkt
merz und com das chaos bleibt

Chris Kilian-Hütten

Von mir aus

„Verstreut meine Asche in alle Winde, hier an dieser Stelle!" Wir sitzen im Sand in der libyschen Wüste und ich denke an meinen Tod. So, als wäre er auch mir gewiss. Hier möchte ich zu Staub werden. Hier wäre ich angekommen, heimgekehrt. Die Natur hätte mich wieder aufgenommen.

Wir blicken auf Schattenrisse von unzähligen Bergen, die sich im leichten Dunst der nahen Dämmerung in allen Grauschattierungen staffeln. Eine Mondlandschaft, endlos und leer.

„Meer ohne Wasser" nennen die Tuaregs ihre Wüste. – Vor ewig langer Zeit gab es hier Wasser und Grün. Felszeichnungen von Elefanten und Gnus, von Menschen, die tanzen und Liebe machen, Gravuren von Büffeln und Krokodilen zeugen von fernen Tagen, in denen noch dicke Eisschollen unsere Breiten begruben.

Ich bin gefangen von dieser Landschaft. Meine Augen ruhen auf der weiten Ebene, aus der sich unregelmäßig, zufällig, bizarre Felsformationen hervortun. Kleine Sanddünen schmiegen sich an, lassen den Übergang weniger hart wirken.

Die Farben reichen von gelblich beige bis zu einem intensiven Ocker. Es hat keinen Sinn, sich auf einen bestimmtem Ton festzulegen. Du drehst dich bloß um, wanderst ein Stück weiter und lässt Zeit verstreichen. Nichts erscheint, wie es war. Das Licht entwirft ständig neue Schatten und koloriert unermüdlich eine sanft veränderte Farbkomposition.

Der Himmel ist ein Kinderhimmel – unschuldig und blau –, von Buntstiften gemalt. Man kann ihn sehen, wie man den Kopf auch wendet. Er wölbt sich. Ein umgedrehter Teller, der am Rand leicht den Horizont berührt.

Wie kann Stille mehr sein als Nichts? Mehr als das Negativ von Gesprochenem, einer Melodie oder Lärm? – Indem sie ununterbrochen da ist, ohrenbetäubend! Ein lautes Wort wird zum kantigen Stein, dem man auszuweichen sucht.

Mein Atem geht tief. Mein Panzer aus Gewohntem weicht langsam auf. Ich sehe mich da unten liegen und fühle mich zugleich geborgen und vergänglich.

Einen Choral möchte ich anstimmen! Wenn ich bloß wüsste, wem ich danken sollte für diese Eindrücke.

„Wie wäre es denn mit – Allah?", sagt Jeli, unser Tuaregbegleiter. Ich muss lachen. „Von mir aus. Von mir aus kann der es auch sein!"

Unter dem riesigen Felsüberhang schlagen wir das Nachtlager auf. Außer einem alten Nomaden, der Kamele hütet, sind wir seit Stunden niemandem mehr begegnet.

Wir sind allein.

Baschir, unser Fahrer, räkelt sich in seinem weißen Gewand und seinem Turban wie in einem Bild aus Tausend und einer Nacht am Feuer. Er liebt es, auf einer Seite im Sand zu liegen, das rechte Bein angewinkelt, der linke Unterschenkel darauf abgelegt. Der linke Fuß reckt sich dabei in die Luft. Er benutzt ihn wie eine dritte Hand. Mal als Haken, mal klemmt er einen dünnen Holzspan zwischen die Zehen.

Baschir braut wie immer einen grünen Tee. Er schüttet ihn in hohem Bogen von dem kleinen emaillierten Pott in einen Becher und zurück. Umgießen. Abschmecken. Umgießen.

Jeli hat einen riesigen Blechtopf auf den Gasbrenner gestellt und schneidet Gemüse. Er hockt und seine Fußsohlen bleiben auf dem Boden. Die Schalen fallen in eine kleine Sandgrube. – Es beginnt zu dämmern.

Heute Abend wird Brot gebacken. Baschir knetet den unförmigen Teigklumpen mit kräftigen Händen, klatscht ihn von einer Handfläche in die andere und dreht ihn auf einer unsichtbaren Töpferscheibe zu einem flachen Brotfladen. Der wird vorsichtig auf die Asche gelegt, dick mit Asche zugedeckt und unter glühenden Kohlen versteckt.

Nach zwanzig Minuten wird ausgebuddelt, umgedreht, wieder eingepackt. Was Baschir schließlich aus der Glut zieht, ist ein Fladenbrot – leicht gebräunt und über und über mit Asche bedeckt. Es wird abgewischt, geklopft, nochmals gerieben und landet schließlich mit einem Schwung vor uns auf der Matte.

Baschir schaut in unsere verblüfften Gesicher und lacht. Jeli beginnt das Brot zu zerkrümeln. „Das wird die Beilage für unser Essen heute Abend!" Er reißt ein Stück auseinander. Wir knien uns dazu und krümeln mit. Das Brot ist heiß und dampfend weiß, wenn man es aufbricht.
Ich verbrenne mir etwas die Finger. Immer wieder wandern Stücke in den Mund. Bei jedem. Es schmeckt nach krosser Kruste und nach überhaupt nichts. Am Ende bin ich schon fast satt.

Es ist Wind aufgekommen und wir versuchen das Überzelt zu befestigen. „Lasst das Überzelt!", ruft Jeli und guckt von seinem Kochtopf hoch. „Lasst das, bis sich später der Wind gelegt hat!"
Die beiden schlafen unter freiem Himmel. Wir bauen jeden Abend das Zelt auf und immer auch das Überzelt. Die Natur ist so grandios, aber auch so ungewohnt. Wir liegen in der Nacht ganz eng nebeneinander und sehen beim Einschlafen durch den Luftschlitz den Sternenhimmel, und wenn einer sich dreht, dreht sich der andere mit.
Es ist dunkel geworden. Wir hocken auf den Bastmatten am Feuer und probieren das erste Glas Tee. Weicher, weißer Schaum bedeckt die süßliche Flüssigkeit. Eine kleine Sünde. Ich schiele auf den riesigen Zuckerbehälter. Er ist aus Plastik, oben mit Schraubverschluss, und könnte aus dem Laden meiner Kindheit stammen.
Das Cous-Cous duftet nach Minze und schmeckt herb und sanft zugleich. Das zweite Glas Tee wird gereicht. Nach dem ersten Glas, das so stark und so bitter schmecken soll wie das Leben, ist das zweite Glas Tee so süß wie die Liebe.
Wir klatschen den Rhythmus und singen mit, als Jeli und Baschir sich zu uns ans Feuer setzen und ganz leise das Lied „Tenere" anstimmen. Es ist nicht schwer, da der Text nur aus diesem einen Wort besteht und auf alle erdenklichen Weisen moduliert wird.
Die Müdigkeit beschwert unsere Glieder und Sehnsucht erfüllt uns – ohne genau zu wissen wonach. Jeli bringt mir eine Decke.
Auf das dritte Glas Tee, das so sanft sein soll wie der Tod, verzichten wir.

Chris Kilian-Hütten

Was wollen wir später wirklich erwähnen?

Im Schatten des Bambushains
sitzen wir still, leise umgarnt
von den Federn des Windes.

Auf Zehenspitzen sind wir gefolgt
in die hügelige Landschaft mit dem
flirrenden Sand und den silbernen Seen.

Was wollen wir später wirklich erwähnen?
*In unseren Tagen, die jagen wie Flughunde
durch den Zeitengrund,* ist ein gefräßiges
Tier in meinem Bauch.

Es nagt unaufhörlich an mir
und erinnert mich an
das, was noch nicht war.

Augenblicke will ich stapeln
in einer Vorratskammer
Kisten über Kisten.

Kurzbiographien der AutorInnen

Christine Dieckert

Geboren 1953 in Lövenich bei Erkelenz, wo sie in der Pfarrbücherei die Welt entdeckte.

Durch eine 2015 gehörte Lesung der Wortwechsel-Autor*innen bewegt und beeindruckt – Geschichtenkerne blieben bis heute im Gedächtnis – folgte sie fünf Jahre später einer Anregung, sich selbst auszuprobieren.

Christiane Eichler-Magdsick

1944 auf der Flucht in Cottbus geboren. In den Nomadenjahren mit der Mutter vom Osten in den Westen wechselte sie 11-mal die Schule. Studierte dann an der Kunstakademie Düsseldorf. Dieter Roth und Erwin Heerich waren das prägende Kontrastprogramm. Seit über 40 Jahren lebt sie in Aachen als Kunstlehrerin, Künstlerin und Familienfrau. Das Schreiben hat mehr oder weniger ihr Leben begleitet, in der Schreibgruppe mit einer veränderten Intensität. Gedichte sind in Anthologien erschienen.

Hanne Gertz

1945 in Paderborn geboren, Studium in Münster, lebt seit 1968 in Aachen. Bis zu ihrem Ruhestand arbeitete sie als Lehrerin an einem Berufskolleg in Aachen. Ihre Neugier auf Menschen und fremde Kulturen führte sie in viele Länder und sie begann, ihre Erlebnisse aufzuschreiben. Intensiv-Schreibwerkstätten bei verschiedenen Schriftstellerinnen regten sie an, autobiographische Texte zu verfassen. Seit 2013 besucht sie den wöchentlichen Schreibkurs „Die Geschichte meines Lebens" und machte erste Erfahrungen bei öffentlichen Lesungen.

Roland Herzig

Geboren 1953 in Wuppertal, hat sich nach langjähriger Heimerziehung und vielen Abendstudien zum Sozialarbeiter und Gestalttherapeuten ausbilden lassen. Er hat 40 Jahre Jugendhilfe mitgestaltet.

Schon in jungen Jahren fesselte es ihn, aus seiner Fantasie Worte zu gestalten, Gedichte zu reimen, Geschichten zu erfinden und diese zu verschenken. Als Student schrieb er Reden, auf Anfragen von Personen, für gewünschte Anlässe.

Durch seine Reisen auch durch Russland und auf die Philippinen, lernte er Land und Leute zu beschreiben. Für seinen Sohn schrieb er ein Kinderbuch. Seit 2013 gehört er zur Schreibgruppe „Wortwechsel", dort sind seine Texte und Verse für die Anthologie entstanden.

Christina Jansen

Jahrgang 1934, geboren in Wassenberg. In großer Familie mit Gemeinschaftssinn erzogen. Früh Kinder und Jugendliche in der Freizeitgestaltung begleitet.

Studium der Sozialen Arbeit, Gruppendynamik, Erwachsenenbildung am IVABO-College Amsterdam, Ausbildung in Transaktionsanalyse, in staatlichen und freien kirchlichen Institutionen tätig. Ab dem 60sten Lebensjahr frei zum Reisen, kreativer Betätigung in Malerei, textiler Gestaltung und Schreiben.

Christel Kiefer

Jahrgang 1950, geboren in Aachen. Aufgewachsen in Aachen und in der Eifel. Persönliche Vorliebe eher die direkte sprachliche Kommunikation mit Menschen.

Erst neuerdings, seit Eintritt in die Gruppe im Jahr 2018, entdeckte sie ihre Freude am Schreiben.

Chris Kilian-Hütten

geb.1950, interessiert sich schon immer für das, was Menschen im Innersten bewegt, wie sie leben und was sie antreibt. Die Erlebnisse auf vielen Reisen brachten sie schon früh zum Schreiben.

In ihrer Arbeit als Psychotherapeutin verbindet sich ihr Interesse an der Unterschiedlichkeit von Menschen mit der Liebe zur Sprache und ihrer beeinflussenden Kraft.

In der Schreibgruppe ist sie von Anfang an mit dabei.

Kaja Lange-Rehberg

Jahrgang 1943. In Nazizeiten im Rheinland geboren, ist sie – uninformiert über diese Zeit – in der Nachbarschaft zu einem Judenfriedhof aufgewachsen. Sie hat Geschichte und Englisch für Realschulen studiert, geheiratet und zwei Kinder bekommen. Dann erst ist sie in die Schule und die Politik eingestiegen und hat Wissen über den Nationalsozialismus aufgeholt und Broschüren darüber herausgegeben. Ins Schreiben schon lange verliebt, teilt sie das mit der Schreibgruppe.

Ingeborg Lehnertz Schröter (ILeS als Künstlerin)

Geb. 1949, aus dem Eifeldorf zur Uni, Germanistik – Philosophie – Kunstgeschichte, halbes Leben lang (gern!) Gymnasiallehrerin in Aachen. Familie gegründet, 4-fach Mutter. – Im heutigen Paralleluniversum unterwegs in Kunst, Kabarett, Literatur: „Leben/Lieben ist Tun!"

Claudia Peter

Jahrgang 1964. Das badische Mädel verlässt die Heimat, auf der Suche nach einem Zuhause. Gestrandet im Rheinland, hilft ihr die Poesie, das Vergangene loszulassen.

Annemarie Priem

Jahrgang 1940, geboren in Trier, aufgewachsen in Hürtgenwald Nähe. Das Erwachsenenleben mit Familie und Beruf in Aachen verbracht. Immer schon geschrieben, unter anderem jahrelang für die Senior Zeitschrift.

Mechthild Schade

1940 geboren, ausgebombt in Berlin, als Halbwaise mit der Mutter zwischen Ost-Belgien, Erzgebirge und Thüringen herumgeirrt, entwickelte später Reiselust und Freude an Begegnungen im In- und Ausland und wählte als Lehrfächer Geographie, Französisch und Deutsch für Ausländer.

Danksagungen

Schreibend begab sich die Gruppe „Wortwechsel" auf eine biografische Zeitreise. Renate Engel, unsere kompetente Lehrerin im Creative Writing, begleitete uns. Ihre Anregungen und Ermunterungen unterstützten uns, literarische Formen zu entwickeln und unseren individuellen Schreibstil zu intensivieren. Ihr gilt unser Dank. Ohne sie wären wir nicht da, wo wir jetzt sind.

Danksagen möchten die Herausgeberinnen auch denen, die das Buchprojekt im Alltag und bei den geschichtlichen Recherchen unterstützt haben.

Ebenso bedanken wir uns bei der Künstlerin Barbara Brouwers, die uns ihre „Strandblume" für das Titelbild zur Verfügung gestellt hat.

Inhalt